读图时代

城市里的禅心

云宁 ○ 编著

湖南美术出版社

图书在版编目(CIP)数据

城市里的禅心 / 云宁编著. —长沙：湖南美术出版社，2011.6
　　ISBN 978-7-5356-4498-5

Ⅰ.①城… Ⅱ.①云… Ⅲ.①禅宗－通俗读物 Ⅳ.
① B946.5-49

中国版本图书馆 CIP 数据核字（2011）第 099572 号

城市里的禅心

出　版　人：李小山
编　　　著：云　宁
责任编辑：李　坚　杜作波
出版发行：湖南美术出版社
　　　　　（长沙市东二环一段622号）
印　　　刷：长沙湘诚印刷有限公司
　　　　　（长沙市开福区伍家岭新码头95号）
经　　　销：湖南省新华书店
版　　　次：2011年6月第1版第1次印刷
开　　　本：889×1194　　1/24
印　　　张：6
书　　　号：ISBN 978-7-5356-4498-5
定　　　价：26.00元

【版权所有，请勿翻印、转载】
邮购电话：0731-84787105　　邮编：410016
网址：http://www.arts-press.com
电子邮箱：market@arts-press.com
如有倒装、破损、少页等印装质量问题，请与印刷厂联系斠换。
联系电话：0731-84363767

所谓"禅",总令人感觉玄妙而遥远,似乎是仙风道骨的修行人飘然远去的背影,也似乎是慈眉善目的佛祖拈花不语的微笑。

然而,禅其实并非如镜花水月般无迹可寻,也不是充满机锋的文字游戏。细心感受,会发现原来在城市的现代生活中,禅一直安静地存在于微小角落里。只是有时候,我们在钢铁森林的冰冷包围下,渐渐忘记了自己的本心,悲喜怨怒,无法平静。

本书通过对禅的源流的梳理,对禅意生活的现代解读,以及以禅修心、修身的方法这四个方面,将古老禅宗中的诗意清欢呈现给现代都市人,希望可以安抚我们焦灼不安的心,重新在一餐一饭、一呼一吸的平凡日子里,找到温暖喜悦的心灵故乡。

世界很大,路很远,或许我们可以尝试着做一个快乐的城市禅修者,打开自己的心,伸展自己的身体,去诚恳体验生命旅途的各种滋味,重新感受那个并不完美的自己与世界。

当有一天,我们与自己达成了和解,能够放松紧绷的神经,渐渐在吃穿住行、泥土草木中发现点点滴滴的生之趣味,相信我们的眉目一定更加舒展,与这个世界的关系也更为融洽。

因为那时的我们,不再是眉头紧锁焦虑忧郁的城市打工仔,而是身体里揣着一颗皓月禅心行走江湖的城市修行者。我们曾经疲倦的心,重新变得柔软、自在、光明、有趣,于是无论身处何地,我们都已拥有了一方闲云漫卷的蓝色晴空,那里"一念心清净,莲花处处开,一花一净土,一土一如来"。

城市里的禅心 目录

第一章
月穿潭底水无痕 / 1

◇ 本来无一物——禅的起源与发展 / 2
◇ 何处染尘埃——禅与日本禅、西方禅的渊源 / 15

第二章
人间有味是清欢 / 25

◇ 和敬清寂——茶食 /27
◇ 朴拙酣畅——书画 /43
◇ 云卷云舒——居住 /59

第三章

此心安处即故乡 / 77

◇ 明镜止水——自己与自己的关系 /78

◇ 皓月禅心——自己与他人的关系 /91

◇ 廓而忘言——自己与生活的关系 /104

第四章

一呼一吸莲花生 / 117

◇ 静生万物——参禅 /118

◇ 禅意盛宴——瑜伽 /126

◇ 松静自然——太极 /131

第一章 月穿潭底水无痕

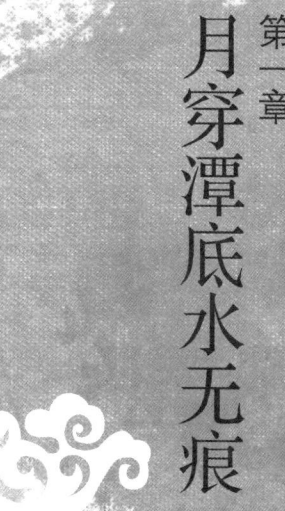

何为禅？可意会，难言传。

印度佛教、中国禅宗、日本传法、西方嬉皮。

禅宗不立文字，直指人心，似乎有迹可寻，却又如月穿潭底，了无痕迹。

本来无一物
——禅的起源与发展

○ 佛教与禅

一念心清净，莲花处处开，一花一净土，一土一如来。

禅是什么？

在禅的故事里，禅宗法师常常会用几句充满理趣玄机的偈语来作答。

而最好的答案或许是拈花微笑，笑而不答。正如佛曰：不可说，不可说。

的确，一说就是错。禅是一种境界，一种体验，可意会，难言传。然而，在一种微妙的领悟之后，终会看到生命真挚的底色，听到心灵深处无言的宁谧，在浮躁中迷失的灵魂渐渐回归家园。

这便是禅，希冀世人能够明本心、见本性。它不立文字，教外别传，却又直指人心、见性成佛。人人皆可以参禅悟道，获得内心的平静喜乐，或许这是禅宗最大的魅力。

一花一净土,一土一如来。

禅宗的出现并非凭空而来,而是有迹可寻。印度佛教的传入,中国本土文化的浸染,再加上菩提达摩的传法,是禅宗得以形成的三大要素。

禅宗源于印度佛教,有着佛教的基本精神,又融汇了中国儒家的伦理思想和道家的放任自然,呈现出自在活泼、精进清静的气韵。读经、礼佛并非禅师生活的常态,他们对于佛教经典中的艰深理论不执著、不自苦,而是将禅修寄寓在运柴担水、耕田种地、行住坐卧之中,随方随时,随缘施教,以"平常心"倡导着清静安然的生活。

这就是诞生于一朵花与一个微笑之间的禅。

【印度佛教的产生】

释迦牟尼(公元前565年~公元前486年,约与我国孔子同时代),本姓乔达摩,名悉达多,本是古印度北部迦毗罗卫国王子,29岁时有感于人世诸多痛苦,遂舍弃王族生活,出家绝食苦行。其35岁时,在菩提树下经跏趺坐,静思冥索,最终彻悟,创立佛教。

灵山会上,大梵天王以金色波罗花献与世尊释迦牟尼,并请说法。世尊不发一言,只拈起波罗花遍示众人。众人默然,只有世尊大弟子——摩诃迦叶尊者破颜微笑。

释迦牟尼佛像

于是，释迦牟尼世尊将花交与迦叶，说："吾有正法眼藏，涅槃妙心，实相无相，微妙法门，不立文字，教外别转之旨，以心印心之法传给你。"随后，世尊将衣钵①交付给迦叶，嘱他等待未来佛弥勒下世降生后，把衣钵交付给弥勒。迦叶于鸡足山入定，后弥勒降生成佛，来此地访问，迦叶把释迦牟尼世尊的衣钵传与他，并协助弥勒佛教化众生。

【中国佛教的产生】

佛教流传至中国，大约在两汉之间，即公元1世纪左右。初期的中国佛教，忙于翻译学习西域的佛教文化。经过300余年的研习，于魏晋年间，中国佛教高僧们对佛教教义进行了大胆的阐释。中国化的佛教由此诞生。

两晋时，西域高僧佛图澄、鸠摩罗什来中原讲学译经、弘扬佛法，中国本土亦出了不少卓越的高僧，如道安、慧远、法显等。南北朝时，佛教进一步隆盛，所谓"南朝四百八十寺，多少楼台烟雨中"，北朝亦崇信佛教，云冈石窟、龙门石窟、莫高窟都是当时所建。

【中国禅宗的产生】

菩提达摩，天竺人，中国禅宗始祖，在公元6世纪初，即南北朝的分裂时代，将禅学带入中国。

达摩传为释迦牟尼第二十八代传人，为弘扬佛法东渡中国，历尽艰辛，终于在嵩山少林寺后山面壁9年得悟大道；后住持少林寺，以《楞伽经》授徒，开始了中国禅宗的兴起，所谓"直指人心，见性成佛，不立文字，教外别传"。

---

①衣钵：衣是袈裟，钵是食具，衣钵代表佛法的传统。

后人尊达摩为中国禅宗始祖,尊少林寺为中国禅宗祖庭。

当达摩感到已经完成了中土弘法大业,想返回久别的故国时,便假作中毒不治,溘然化灭。灭渡两年后,有人见到只穿着一只芒鞋的达摩,再去查看棺中,果然无尸。这便是达摩祖师"只履归西"的传说。

【南北禅宗的产生】

南北朝至唐初年间,禅宗五祖弘忍门下有两位弟子,一名神秀,一名慧能。后来分别成为南北禅宗的开创者。

神秀一派主张"渐修",即通过长期的勤苦修行达到觉悟的目的,在唐代盛极一时,在北方影响最大,被称为北宗。

慧能一派则主张"顿悟",认为人心性本静,佛法本有,只要把本性所受到的蒙蔽除去,便可立即成佛。慧能一派在南方影响最大,被称为南宗。

【日本禅宗的产生】

佛教自公元6世纪传入日本，但禅宗传至日本基本上是公元10世纪（即我国五代时期），而且多为南宗各支系。其中，荣西、圆尔辨圆所传的中国临济宗在日本发展得最为顺利，后成为日本佛教的主导力量。

日本禅宗虽源于中国，各派的思想和风格基本上也保持了中国禅宗的特征，但它又是中国禅宗的发展，无论其思想体系还是修行方法，都有自己的特点。日本禅宗是一个独立、完整的宗教体系，是日本佛教文化的重要组成部分。

另外，日本禅师从明治时代便开始向西方世界传播禅宗思想，其中，镰仓圆觉寺的住持释宗演起了先导的作用，而其高足铃木大拙则终生以此为己任。

○ 南北禅宗

红尘万丈，殊途同归，至于南北东西，又何必执著。

北京樱桃沟的一座山亭上，刻着唐代诗人王维的两句诗：行到水穷处，坐看云起时。

简短十字，意味无穷。登山溯流而上，水流最终消失于眼前，不妨坐下来，却看见山岭处白云渐次涌起，原来水汽氤氲，已在不经意中化为围绕在身边的云彩。

诗中累行与坐看的两种境界，也正点出了南北禅宗的不同特点。

南禅主"顿悟"，北禅主"渐修"，后世不免争执于两派高下，但其实所谓南北，只不过是修行方式的不同。修禅本是为了获得平和安然的智慧，至于怎样获得，或许并不是最重要的。

《二祖调心图》

　　五代，石恪，纸本水墨，35.5厘米×129厘米，(日)东京国立博物馆藏。

　　据传，禅宗始祖达摩祖师传法给二祖慧可时，曾有一偈："吾本来兹土，传法救迷情。一花开五叶，结果自然成。"

【菩提本无树，明镜亦无台】

"身是菩提树，心如明镜台，时时勤拂拭，勿使惹尘埃。"——神秀

"菩提本无树，明镜亦非台，本来无一物，何处惹尘埃？"——慧能

这两句耳熟能详的佛偈，恰是南北禅宗分流的缘起。而其作者神秀与慧能，被尊为北宗禅与南宗禅的创立者。

神秀与慧能都是南北朝时期人，师从禅宗五祖弘忍禅师学禅。在弘忍禅师门下的五百弟子中，神秀是大家公认的可以继承衣钵的人。慧能则只是个不识字的在米房舂米的普通和尚。

一日，年迈的弘忍禅师要弟子们作一首偈，以此选择继承衣钵者。神秀半夜时分独自掌灯，在佛堂的南廊写下："身是菩提树，心如明镜台，时时勤拂拭，勿使惹尘埃。"清晨时，众人称好，弘忍禅师却默然不语。慧能在米房听人讲出此偈，便请人将自己的偈子也抄到墙壁上："菩提本无树，明镜亦非台，本来无一物，何处惹尘埃？"

弘忍看过二人的偈语，心中已定，便进米房，问慧能："米舂好否？"

慧能答："已好，但未筛。"

弘忍用杖在舂杆上敲三下后离开。

慧能心已领会，在当晚的三更时分到弘忍住室，弘忍授之以衣法[①]，并于当夜送慧能下山南去。慧能回岭南后，潜心禅修，隐居16年不出，后北上南华寺开

[①]衣法：衣，初祖达摩所传祖衣，即袈裟；法，讲授《金刚经》。

山传法，长达37年，成为南宗禅祖师。而神秀则成为北宗禅祖师。

北宗禅在唐代盛极一时，在北方影响最大。中唐之后，渐渐衰落。南宗禅则初始时在南方影响最大。中唐之后，慧能弟子神会与北宗辩论得势，于是南宗得以发展，渐渐成为禅宗的正统。慧能门下又发展分立五宗，所谓"一花五叶"。后世尊慧能为禅宗的六祖，其弟子被称为禅宗之嫡传，而北宗则被称为弘忍之旁出。

【行到水穷处，坐看云起时】

正如两首佛偈中所体现出的不同态度，南宗禅与北宗禅具有不同的特点。

北宗禅主张通过长期的勤苦修行达到觉悟的目的，即"渐修"。

南宗禅提倡"心性本静、佛性本有、直指人心、见性成佛"，即"顿悟"。

相比较而言，北宗更重于行，南宗则更重于知；北宗认为由定生慧，南宗则提倡以慧摄定。

自禅宗分南北之后，对孰优孰劣的比较便再也没有停息过。人们似乎更欣赏充满意趣的南宗禅。但其实无论南宗北宗，其本意都是一致的，只是立足点不同。

可以说，南宗是北宗的升华，为北宗的极致；北宗却是修行的基石。见花得悟、棒过尘消[1]的境界，正是通过不断的了悟渐修，才能解脱迷惑束缚，顿悟得道。如果只是一味迷于顿悟，用机锋巧智浸于空谈，则不免坠入野狐禅[2]。

---

[1] 棒过尘消：德山棒喝的典故源于唐朝德山宣鉴禅师。在与学人问答时，如果学人疑而未决，或者迷惑不解，德山便手握禅棒，当头一击。德山禅师希望能在最短的时间里，让学人明白"前后际断，无思无念，无一法可当情"的道理，便以棒喝作为最快最直接的方法。

[2] 野狐禅：在禅宗中，流入邪僻、未悟而妄称开悟，禅家一概斥之为"野狐禅"。

就好像是王维诗中的"行到水穷处,坐看云起时",这两种境界本无高下之分,只有在长久的"行"之后,才有坐看云起的豁然开朗的气度。当行则行,当止则止;要懂得且行且看,也要懂得及时放下执著,安然领悟新的启示。

说来似乎玄妙,其实不管怎样,修禅的根本,是为了得到生命安和自在的大智慧,而通向智慧的路并非只有一条,只要不忘记自己的本心,去除自己的执念,以一颗平常心放松地生活,温和敬重地待人待己,那么般若已在心中。至于南北东西,红尘万丈,殊途同归,随它去吧。

○ 禅宗宗旨

到那时,所谓禅宗宗旨,又何必再去苦苦追索。只见天地一片清明,凉静风恬,人间依旧。

"当下"、"放下"、"破执"……无数智者希望能够简洁明了地阐明禅宗宗旨,然而古往今来,历代禅师却对此避而不谈。

齐白石《石涛作画图》

他们仿佛在拒绝一切绝对的概念,只是通过讲述一个又一个短句或小故事,或是通过无言的行为举止,希冀世人能以恒常的平实心,去过平常人的正常生活。

所谓"心平何劳持戒,行直何用修禅",只要心无所执、自在天然,便已是禅的境界。

【平常心是道】

唐代赵州的从稔禅师曾向普愿南泉禅师请教何为禅旨。

从稔:如何是道?

南泉:平常心即是。

从稔:如何去获得并保持一颗平常心呢?

南泉:越要保持,越会偏离。

从稔:如果不想要保持,怎么能明白这就是道呢?

南泉:所谓的大道,无所谓知与不知。知是妄觉,不知是虚幻,真正不迷不疑的境界,就像太空一样,廓然虚豁,怎么可以勉强去评论它的是与非呢?

据说讲到这里时,从稔禅师豁然开朗,心如明月。那么凡尘中的我们,又从中悟出了什么呢?

不同的人领悟到的禅机并不完全相同,但这也正是禅宗所希望的:没有绝对的唯一答案,也不需和世界赛跑。只要今天的心比昨天的心更开放一点,只要今天的自己比昨天的自己更真实一些,就是好的。

禅之真意本蕴含在日常生活中,一呼一吸,一餐一饭,并不需要刻意去遥远的地方追寻。放轻松,困来即眠,饥来则食。只要用心体会,那么在看似普通的身边之物中就可以了悟生命的流转。在平凡的日子里,安然从容、敬重平和地接纳时间的流逝,顺应世间万物的发展,便已有了一颗禅心。

"春有百花秋有月,夏有凉风冬有雪。若无闲事挂心头,便是人间好时节。"这一首无门和尚①的诗偈,道出了人生的禅意境界。就如百花、凉风、皓月、白雪一般,每一段生命旅程,都有自己独特的意味与价值。无论顺利还是阻逆,希望我们都能以一颗知足并懂得感恩的心,体会享受每一个生命阶段,从容自在地生活。禅宗大师若是看到这般,也会微笑的。

月穿潭底水无痕

① 无门和尚:黄龙慧开禅师(1183~1260),世称无门和尚,宋朝杭州钱塘人。慧开禅师为称赞赵州从稔请教师父普愿南泉禅师"平常心"的公案,而作了这首诗偈。

【我有明珠一颗】

然而，滚滚红尘中，修一颗"平常心"，这样看似很简单的道理，却仿佛被遗忘了很久。

随着年纪越来越大，我们渐渐习惯了以物喜，以己悲，习惯了与旁人的打量比较，习惯了去追寻满足一个又一个新的欲望。我们以为这就是成熟，却发现自己越来越不容易平静快乐。这或许是因为我们迷失了自己的内心，不如暂且停下奔忙追逐的脚步，安安静静地问自己：我的心呢，它在哪儿？

茶陵郁禅师曾作过一首偈语，直指人心："我有明珠一颗，久被尘劳关锁，今朝尘尽光生，照破山河万朵。"

是啊，世间的人们，无论表面看上去是体面或是褴褛，内里本都有明珠般的心。每一颗心，最初都好似婴儿，啼笑玩耍无忧无虑，自然而无妄念。只是渐渐地，有的心开始被愤怒、悲伤、忧愁、嫉妒、厌倦等尘埃所蒙蔽，少了鲜活的血色。

只有当我们重新找到了自己的心，拂去上面的污尘，重新以赤子之心去面对万事万物，才能明了蕴含在平和生活中的真意，才能感受到并满足于自己所拥有的幸福。

当尘污洗去，还明珠以本来面目，我们的心自然会散发出温和明快的光芒，正直清静、活泼自在，暖暖地照亮所有密密绵绵的平实日子。

到那时，所谓禅宗宗旨，又何必再去执著追问。只见天地一片清明，凉静风恬，人间依旧。

何处染尘埃

——禅与日本禅、西方禅的渊源

月穿潭底水无痕

○ 日本禅之味

古池塘，青蛙跳入，扑通声。

——日本古俳句

每年春天，樱花绽放，日本人都会隆重地出行赏花。

柔软的樱花瓣仿佛粉色云朵般娇艳朦胧，充满了生的安宁与美好。但它们绽放的时间如此短暂，一朵樱花从开放到凋谢只有不到7天的时间，满树花朵边开边落，甚至只是当风吹过，花瓣便随风飘散，令人怅然。

然而不论怎样，风总会吹过，时光也总是会静静流过，那么便不如放下遗憾，坦然地面对花开花落，珍惜短暂生命的每次相遇，灿烂时欣赏，凋落时静默。

"欲问大和魂，朝阳底下看山樱。"对待樱花的态度，包含着日本民族对于生命的禅意理解。而这样的禅之味，从日本文化、生活的方方面面都可以感受到。

15

樱花的盛开期不长,一朵樱花从开放到凋谢,大约只有七天时间,整树樱花从开花到全部凋落,也不过半个月的时间。若遇到雨天,到雨停时,原本灿若朝霞的樱花,便零落飘散四处,宛如曲终人散。

【俗世禅意】

日本禅本源于中国禅宗。中国五代之后，禅宗由中国传至日本。中国宋朝时，荣西、圆尔辨圆所传的中国南禅临济宗渐渐成为日本佛教的主导力量。

日本禅虽然具有中国南宗禅的特征，但亦有自己的特性。它淡化了南禅的思辨性与严肃性，而更重实践与智慧的机锋，理论创见不多，却便于实现生活的各个方面。或许正如铃木大拙①分析的那样，日本人心性的特长，不在于去建立庞大的逻辑思想体系，而是用直觉把握真理，并借助表象将其直观现实地表现出来。

于是在日本，禅变为了一种更易于感受的"平常心"，它从原本佛家的修炼法门，变为了日常生活中随手可拈的智慧。如果说禅宗在中国更易于被文化精英所接受并推崇，那么日本禅则是日本民众一种共同的生活选择。

在起居、饮食、出行等日常生活的各个环节中，日本人都在有意或无意地遵循着禅式体验。茶道、剑道、书道、俳句、花道、武士道、庭园建筑、生活意趣，皆以淡泊、平实、顺应自然为上品，饱含禅机意趣，这也几乎成为日本民族所独有的俗世禅味。

无论贫富贵贱，都可以安然清朗地生活，简朴而优雅，这大约是日本禅深入民间的最美丽意义。

---

①铃木大拙（1870～1966），日本佛教学者。原名贞太郎，后因学禅，改名大拙，是日本现代著名的禅学思想家。

【幽玄天然】

江边暮雪、山乡野趣，京都街道素雅清宁的朦胧，传统茶室和静空寂的氤氲，时装设计大师三宅一生独特的"皱的哲学"，建筑大师安藤忠雄创造出的水的教堂与光的教堂……

日本文化，与禅意密不可分。

铃木大拙将禅宗中的"妙"解释为"幽玄"，并认为它是日本文化艺术的最大特点。所谓幽玄，便是与自然具有某种神秘的联系，在流逝中看到久远，在有限中探求无限，优美、安然、隐约、微妙、悠长、深远。

禅宗中讲，"无即是有，多即是一，一即是多"。同样，在日本文化中，普遍认为"简单的优于复杂的，幽静的优于喧闹的，轻巧的优于笨重的，稀少的优于繁杂的"。他们希望处处有禅意，在纤巧短暂中见永恒，用心构筑着幽玄天然的灵性氛围。

在审美上，日本禅推崇天然意趣。枯寂的茶亭、拙朴的陶器、融于自然的建筑园林，都希望达到一派天然野趣的境界。作为东方人，他们很自然地认为万物有灵，强调自然的生机，不加雕饰，追求朴素委婉的情致。就像和服，宽松柔软的绵绸，几乎都是以直线剪裁缝制起来的，让没有曲线的衣料适应人身的曲线，又留有余地，庄重流畅，含蓄优雅。

简单的优于复杂的，
轻巧的优于笨重的，幽静的优于喧闹的，
稀少的优于繁杂的。

他们似乎并不乐于追求圆满、博大、完美，而更倾向于闲寂、纤巧、简约，用心体味世间微小的事物，从一株野草中感受整个自然的生命。日本独有的俳句，形式非常短小，是仅由五、七、五共3句17个音节组成的小诗。然而这样简洁的形式，可以表现出无尽的悠远。"俳圣"松尾芭蕉的"春雨霏霏芳草径，飞蓬正茂盛"，短短字句，朴素事物，却令人感到一派宁静、生机的禅意，以及由于珍惜这份美好而生出的淡淡怅惘。

　　"古池塘，青蛙跳入，扑通声。"这首古俳在日本家喻户晓，貌似浅白的画面里，蕴含着对生命短暂奔流的欣赏，与对时光幽静永恒的体察。或许这正是日本禅所追求的境界，敬重地对待自然万物，珍惜每一次短暂的相逢，安然静默地接受世间必然的流逝，淡泊清朗地生活下去。

春雨霏霏芳草径，飞蓬正茂盛。

○ 西方禅

我是盲人，我什么都不知道，但我预见到
道路不止一条。
每一件事物，同时又是无数事物。
……
天穹、宫殿、江河、天使
深沉的玫瑰，隐秘而没有穷期。

——博尔赫斯

【西方禅】

20世纪，战争的残酷和工业文明对人的挤压，打破了曾经静谧的田园生活，使人感到无望且窒息。于是西方人将目光转向东方，希望能从东方的古老智慧中得到救赎与解脱。

他们发现，在东方禅中，反对宗教偶像与教条，认为每个人都有一颗本性光明清净的如来心，宇宙的山河大地、花草树木，万事万物皆含真意。东方的禅师们，是毫无奇特的"平常人"，幽默风趣富于人味，历尽千辛万苦彻悟归来，笃笃实实地去过平凡朴实的日常生活。

这样温和踏实的境界，令西方人迷惑并向往。

20世纪50年代末期，美国出现了"禅佛教热"。当时许多艺术家，尤其是"垮掉派"，对禅产生浓厚兴趣，他们对禅的追捧影响了这一时期的青年，逐渐形成披头禅（Beat Zen）和嬉皮禅（Hippis Zen）的热潮。而当下，在欧美的城市间，则不断涌现着禅修中心，不止是年轻人，不同年龄与身份的西方人希冀通过东方禅修，以调整呼吸、参禅打坐、清洁生活的形式，找回心中的安宁。

城市里的 禅心

摄影师：Rick Zhuang

  很多西方哲学家、心理学家都对禅感兴趣。曾有哲学家将欧洲的存在主义阐释为西方的禅。瑞士的心理学家荣格探索过禅对于人的精神治疗效果。弗洛姆与铃木大拙合著了《精神分析与禅宗》，对禅与精神分析的异同点作了说明。卡伦·霍妮曾到日本寺院参观学习并进行禅宗修行。

  文学艺术方面，对于禅的追寻更是常见。很多作品中，无论是空寂的探索，还是片羽吉光的灵感乍现，都令人可以从中体味到一丝不同于希腊文化的东方禅意。

  比如戏剧《等待戈多》，像一桩禅宗公案一般，于荒诞之中点醒观者叩问内心真正的希望所在。比如那首音乐史上有名的乐曲《4分33秒》，曾修习禅学的作曲家约翰·凯奇，在4分33秒的时间内，"演奏"了一首没有半个音符的曲子。再比如达利超现实主义的画作、博尔赫斯意蕴幽深的文字等等。相信在这些艺术家的心灵之源中，除了西方文化的根基，一定还有着东方禅意的滋养。

当然，对于禅的理解与演绎，西方人与东方人有所不同。禅说"活在当下"，而他们却常常以苦行或放浪的方式去寻找。

可是无论哪种演绎，都可以打开一个新的窗口，展现看待世界的另一种角度，使人变得更为开阔、宽容、有趣。

而且，不同文化间虽存在差异，但人与人之间，感情的诉求其实是大同的。爱、希望、喜悦、平静，是所有人希冀的美好吧。

彼岸或许只有一处，从此岸渡过彼岸的船却不止一条。心中怀着对内心平和泰然的追寻，禅花便已经开放于行走的每一步脚印里。

【达摩流浪者】

"我有一个美丽的愿景，我期待着一场伟大的背包革命的诞生。届时，将有数以千计甚至数以百万计的美国青年，背着背包，在全国各地流浪，他们会爬到高山上去祷告，会逗小孩子开心，会取悦老人家，会让女孩快乐。他们全都是禅疯子，会写一些突然想到、莫名其妙的诗，会把永恒自由的意象带给所有的人和所有的生灵……"

这段《达摩流浪者》中的文字，自1958年出版后，感动振奋着不同时代、不同肤色的年轻人。作者杰克·凯鲁亚克是美国人，在书的扉页上，他写道："献给寒山子"。

寒山子是中国唐代的参禅诗僧。在凯鲁亚克的心中，寒山子是寻求原始本真性情的禅疯子，疏狂漫游、沉思顿悟、忠于自己。

凯鲁亚克和他笔下的主人公，以及一代美国年轻人，追寻着寒山子的生活，以简朴的条件去进行近乎禅僧修业式的漫游，试图"潜行于旷野中聆听旷野的呼唤，在星星中寻找狂喜"，重新发现自己，认识世界。

从孤独的流浪开始，走过不同的城市、山川，遇到不同的树木、花朵，与不同的人相逢又分离，奔跑过打坐过，欢畅过忍耐过。小说中的雷蒙从最初认为人生本无的空虚无力感，重新走入实在的生活中，有所承担又有所放下，找到了自己与世界的自由。他最终相信了，万物并非为灭而生，而是为觉而生。

在当时，《达摩流浪者》仿佛是迷茫的西方人对东方禅的致敬。而在今天，它更像是一支西方的波西米亚禅，献给所有内心冲突又永怀纯真的年轻人。他们抗拒着工业文明对人的挤压，背起背包，走在路上，探索着自身与世界的意义。

民谣歌者万晓利写过一首名为《达摩流浪者》的歌，在结束时，他唱道：

心里怀着春天
平静孤独快乐幸福
在这条没有行人的路上
那钻石般的光芒永远年轻
永远的热泪盈眶

打坐

图片提供：全景正片

第二章 人间有味是清欢

禅其实离我们并不遥远。

食行用住、花土石木，是生活，也是禅机。

人生在世，何妨怀揣一颗轻松的自在心，去感受平凡世界中点点滴滴的清欢滋味？

千利休茶室

千利休（1522~1591），是日本茶道的集大成者，他提出了茶道的"和、敬、清、寂"的精神，被后人称为日本的茶道四规。千利休茶道的环境清幽古朴，希求人们通过进入茶室饮茶而静观自心，彼此珍重，于清寂之中去除内心的尘垢和彼此的芥蒂。

和敬清寂
——茶食

○ 茶心

> 先把水烧开,再加进茶叶,然后用适当的方式喝茶,那就是你所需要知道的一切,除此之外,茶一无所有。
>
> ——千利休(日本佗茶道宗师)

在一次西南旅行中,我遇到一家客栈的老板,他装束古怪,仿佛不羁行者。

老板是个爱茶之人,有天和朋友们围坐在庭院喝茶,邀我一起加入。

一个女孩儿过来沏茶。女孩儿学过茶艺,姿态敏捷流利,令我羡慕又惭愧,只觉自己笨拙而不懂茶礼。

老板皱了下眉头,说这种姿势貌似是美的,却有炫耀之心,情谊淡薄。

老板拿起茶具,重新为我沏上。

他的手势简单、郑重、流畅，看不出花哨，然而令人渐渐放松泰然，心中充满暖意。

或许是因为感受到彼此那一份萍水相逢却诚恳敬重的对待之心，当双手接过茶盏，用心品味时，我只觉晴空之下，微风拂过，草木芳香，沁人心脾。

茶之心，何尝不是一颗禅之心呢？

【茶禅一味】

西湖龙井、洞庭碧螺、太平猴魁、老竹大方、敬亭绿雪、云南普洱、闽北水仙……

每一片茶叶都有自己独特的记忆，曾经的阳光、土壤、夜雾、雨露、采摘人的手指、保存与沏泡时的心意，等等。

每一碗水，也有着甘、冽的不同。煮沸的水与未沸的水不同，煮老的水与煮嫩的水不同。

沏以清水，看茶叶慢慢翻转舒展，闻茶香或浓或淡地飘散，抿一口，青涩浓醇，转而回甘。

茶的滋味，仿佛人生，需要时间的烹制，需要行走的阅历，需要静默的心意。

朴素的茶事，体现着对待世界的禅意态度。

茶道几乎是一种沟通日常生活与心灵的仪式，并不崇拜完美，但存着对时光的珍惜与对缘聚缘散的温良接纳。

几乎所有伟大的茶道师都是学禅者。他们向往静谧、清净、单纯、自然的格局，期望能够透过茶看到心灵的自由与世界的和谐。

"和敬清寂"、"一期一会"、"和颜爱语"，这些被奉为茶道的精神之所在，希望饮茶者彼此认同、互相尊重、和睦相处，不为外界所动，保持事物的洁净与心灵的淡泊从容。其实这又何尝不是禅之真意！

且坐喝茶。

无论何时,都不需要太匆忙。不妨坐下来先喝一杯茶。闭上眼睛,心中便会浮起一片青山绿水。

以这样轻松而余裕的心情,无论面临何种处境,都能镇定心神,妥善处理。

赵朴初老先生曾作诗一首:"七碗受至味,一壶得真趣。空持百千偈,不如吃茶去。"

这不免令人想起那宗著名的禅宗公案。

唐朝时,曾有僧人自远方而来,请教赵州从谂禅师什么是禅。

禅师问其中一人以前是否来过。答否。禅师说:"吃茶去。"

禅师又问另一人以前是否来过。答是。禅师说:"吃茶去。"

旁边的监院问:"禅师,为什么来过的人让他去吃茶,没来过的人也让他去吃茶呢?"

禅师称呼了监院的名字,监院答应了一声,禅师说:"吃茶去。"

以这样一份平等心,管他东南西北风,但坐吃茶,彼时心境应已然仿若月亮升起时那样无声之声的明净了。

【一期一会】

茶道中,经常会讲到"一期一会"这个词。

一期一会,不仅是一次相逢,更是每一次相逢时的珍重之心。

"即使是平常素日的茶之汤,主人都应心存一期一会之念珍重客人,客人都应心存一期一会之念敬重主人。"

主人清洁茶室,准备茶具、茶水、茶点,调整底火、转动茶碗,为客人恰到好处地点茶、献茶。客人发自内心地感受这份心意,恭恭敬敬地饮下主人献上的茶。

在这样宁静温和的气氛中,心因为感受到彼此静默的情谊,会变得柔软而充满感激。

一期一会的珍贵,并不源自于饮茶人的身份地位,而是为了众生平等相聚的愉悦,还有一份对时间的敬重。

所以饮茶的形式反而并不是最重要的，只要真心融入，都是对生命的致敬。

可以如京都千利休茶道一般，清洁冲淡、从容静美，饮一碗茶只觉心意澄明，仿佛可以参悟生死。

也不妨像蓉城街头茶馆一样简陋热闹，"四大皆空，坐片刻无分尔我；两头是路，饮一盏各自东西"，自有一份平和的通达生机。

可以在雨微花润、雪映梅红时，捧一盏敬亭绿雪或凤凰单枞，对饮或独啜，无限风雅。

也可以"白菜青盐糙米饭，瓦壶天水菊花茶"，随时随地，随缘而坐。

而对于妙玉所谓"两杯即是解渴的蠢物"，又嫌刘姥姥饮过的杯子腌臜这回事，还是一笑而过吧。没有一颗宽和自在的心，饮的是琼浆玉液又如何呢？

因为"一期一会"，人生中我们不断地相聚又别离，何不在每一段有限的相聚里，放下分别心，珍重每一个擦身而过的旅人。把生命里的时光，化作山谷中铺卷的云朵、大海暮色中的金光，虽然必逝却无比美好。

【点一碗茶】

当感到世事纷扰，不妨停下脚步，且坐喝茶。只要心中能平和下来，轻松而余裕，那么不论面临何种处境，都能镇定自若。

如有机会，可以去体验古老的茶道，感受那样郑重的仪式感，动中寓静，转折优雅，好似一场安静的舞蹈，心很容易沉静下来。

一位茶道师说："茶的仪式是即兴剧，它的情节由茶、花和绘画编织而成。没有一点色彩破坏茶室的色调，没有一个响声打破事物的节奏，没有一个动作闯入这里的和谐，没有一个词汇扰乱四周的统一，一切行动都进行得那么单纯和自然——这就是茶的仪式的目的。"

在茶道中，茶室以及茶具一起构成了一个美的空间，点茶的过程则以朴素委

一期一会，不仅是一次相逢，更是每一次相逢时的珍重之心。

婉的动态将美延续开来。

这样美丽的生活艺术，何妨一试？或许随着一步一步的接近，会发现自己的心中充满了光明和希望。

试着为自己点一碗茶。记得，取茶碗时有取茶碗之心，清洗茶勺时有清洗茶勺之心，点茶时有点茶之心。当茶水饮尽后，心中是否复归万流入海般的平静？

试着为身边人点一碗茶。记得，本分地选择茶具，安和地调整水温和茶量，缓急有致地把握茶筅的挥动。在茶水啜饮中，彼此是否生出了互相珍重的如意之心？

茶具不全并没什么关系，动作笨拙也没什么大碍，只要这碗茶是诚心诚意地点出的，那么无论是自己或是对方，都会感受到那份谦逊又广阔的敬重之意。时光永逝，而此刻留存。

"把炭放进炉子里，等水开到适当程度，加入茶叶使其产生适当的味道。按照花的生长情形，把花插在瓶子里。在夏天的时候使人想到凉爽，在冬天的时候使人想到温暖，没有别的秘密。"

对于点茶，千利休大师解释得多么好。茶中虽藏着众多学问，却可以还原到非常单纯的要求上，除了一颗心，便再没有其他秘密。世间万物莫不如此。

清心一杯茶

点茶步骤

仪表：清洁双手，衣着素雅宽松。
备茶：准备茶品和水品。
备具：清洁茶室与器物。摆置茶具、花瓶、书画等。

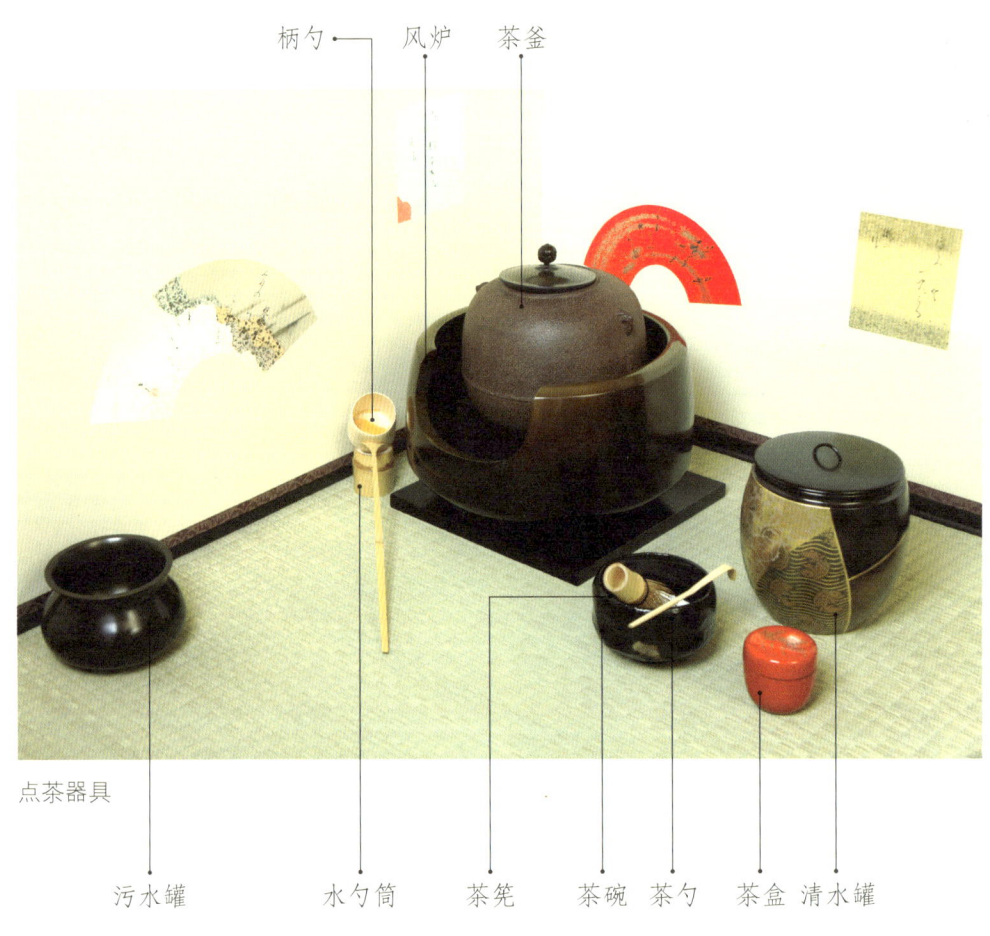

点茶器具

柄勺　风炉　茶釜

污水罐　水勺筒　茶筅　茶碗　茶勺　茶盒　清水罐

点茶

茶道分许多种,虽然它们的仪式规矩有所差别,但最终都希冀饮茶者可以以茶为媒,体验到自心与世界的和睦相生。所以,究竟以怎样的形态来喝茶,并不必执著。

日本茶道中的『抹茶道』源自中国宋代的点茶法。点茶法是宋元时代的茶艺时尚。当时,宋人将茶饼碾碎,置入碗中待用。以釜烧水,微沸初漾时即冲点碗中的茶,同时以茶筅搅动,以使茶末与水交融成一体。

下面简单介绍点茶过程,或许可以从中感受到中日茶人的净慧茶心。

[1] 茶釜中清水烧好后,以柄勺取出,注入清水罐中。

[2] 视茶碗大小,用勺挑上一定量的茶末放入茶碗,再注入瓶中沸水,将茶末调成浓膏状,以黏稠度为准,研细茶末放入茶筅,注入少许沸水,先调成膏。

[3] 以一手执茶勺往茶碗点水。点水时,要有节制,落水点要准,不能破坏茶面。

[4] 用茶筅旋转打击和拂动茶碗中的茶汤,使之泛起汤花泡沫,称之为『运筅』或『击拂』。

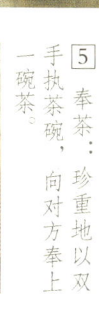

[5] 奉茶:珍重地以双手执茶碗,向对方奉上一碗茶。

○ 素味

最重要的不是手上的工具，
而是想让别人吃上美味的那种心意，
是那种直达食客灵魂深处的味道。

—— 一升庵

自然很神奇，似乎早已安排好万物的平衡。像中医中所发现的，食物有"寒热平凉温"五性，又有阴阳相生相克的属性。

没有一味食物包含所有营养，也没有一样食材一无所用。

而每一片土地上生长的粮食与果实，便是最适合滋养当地人的食物。

或许活在世上，便是需要一份随遇而安的心，到一个地方，吃一个地方生长的食物，体会不同的土壤与阳光酿造出的种种不同滋味。

【本来滋味】

小孩子最开心的事就是被带着下饭馆，去吃热闹的宴席，或是各种鲜艳的快餐。

可当他们渐渐长大，会发现最美味的，原来是家中平淡的一粥一菜。

在亲人、爱人的手里，食材新鲜恰当，调味节制有度，没有在第一时间取悦味蕾的壮志，却有着细水长流的绵绵耐心。

多像是幸福的味道。

《红楼梦》里,凤姐给刘姥姥端上的茄鲞,经过二十几道工序才制成,让在乡下天天吃茄子的刘姥姥尝不出一丝茄子的味道,惊叹不已。

可是这样的做派虽然富贵,却未必优越过一碟简单的蒜蓉茄子。

贾府的茄鲞,首先要去皮,再油炸,然后继续其他复杂工序。只在前两步里,茄子皮中包含的抗癌物质便已全部损去,二十几道工序下来,香味扑鼻,而面目尽失。

蒜蓉茄子,则只要把茄子洗净蒸熟,撕成条,再以香油、蒜泥、盐、醋调拌即可。朴实、清爽,茄子是老老实实的茄子味道,什么龙葵素、维生素、铁元素也安安分分地留在碟子里。

也许,最好的食物永远不是最昂贵与最复杂的那一类。保持食物本来的特点和滋味,才是对食物与自然造化的尊重,也是对食者的一份平等的敬意。就好像好喝的汤往往都是用老老实实的笨方法炖出的。只要有一只砂锅,有清水,挑选到好的食材,剩下的便只需耐心了。耐心地以文火煲3个钟头,甚至都不需要放进诸多的调料,只要有一点盐、一点和季节相配的中药食材便可以了。这样的汤保留了食材的本来滋味与营养,又融入了深深的情意,味道醇厚,回味悠长,令喝汤的人心中也柔软起来。

不妨以这样老实的态度，准备一餐饭。到有家常烟火气的菜场，选购当季新鲜的食材，舍弃诸多重味的调料，耐下心来老老实实去做一份还食材本来面目的饭。再精心地准备相称的碗碟筷匙，趁热的时候把饭菜端出来，与爱的人一起分享。

这一餐并不惊艳的饭里，是不是有着温暖与喜悦的触感？这样淡然洁净的味道，是食物的本来面目，也是日子的本来滋味。

【慢慢食】

麦子、稻谷、玉米。

苹果、葡萄、橙子、樱桃。

蘑菇、山药、白菜、青笋、萝卜。

在这些平凡至极的名字背后，我们是否真的记得它们每一口味道的起承转合？还是习惯了快餐式的囫囵吞枣？

世间万物都有自己的独特价值，可是种种独特的美好并不是随便就可以感受到的。它们的生成，凝结着或长或短的时光，需要静心下来，慢慢品味。

旧时光里，国人吃饭时，主人常会说，请慢用。慢用，不仅是出于对健康的珍惜，也是对这一餐饭和主人情意的珍重。

放慢速度，花更长的时间吃饭，细细咀嚼，耐心地品尝食物的滋味，才会渐渐品出一个青瓜恰到好处时的清甜水分和土壤香气，一杯好酒酿到巅峰该有的岁月光阴，才会渐渐感受到做饭人快炒慢炖时藏在火候中的浓淡心意。同时，自己的心也会在此刻沉静平和下来。

日本的怀石料理，仅是一份酱汤、三样小菜，如果狼吞虎咽，也仅仅是一餐饭而已。可是若细细品味，会发现料理的内容是主人根据客人的身体状况、入席时间、季节天气的变化而选择的，充满了妥帖而诚恳的对待之情。甚至食器、坐席、轴卷、插花、庭院，也都搭配得恰当而充满美感，希求客人用餐心情愉悦旷达。这时候，一餐饭又何止是一餐饭呢？在日本电视剧《料理仙姬》中，有一场厨艺的对决，樱井是用微波炉操作快餐的熟手，她的便当制法迅捷，酱汁浓郁香气四溢。当她5分钟内搞定便当，赢得现场观众一片惊叹，得意地望向阿仙时，阿仙还在安分老实地用刀切着细细的葱丝、用传统的锅文火煮制着汤汁。观众先是不耐烦，后来却渐渐被安静的刀切葱丝声所感染，似乎回到小时老屋，奶奶为自己做饭的场景中。

在评判孰优孰劣时，一位评委老人微笑着望向低头的阿仙，说：

"她虽然做得慢，但是我愿意等。"

豆腐

2007年，日本国家电视台派出摄制组到中国扬州拍摄豆腐制作技艺。唐代天宝年间（742～755），鉴真和尚东渡日本，带去了豆腐的制作方法，因此日本将鉴真尊为豆腐鼻祖。至今日本的豆腐包装袋上还有"唐传豆腐干，淮南堂制"的字样，而且许多豆腐菜谱直接采用汉名。

请慢用，再慢用。世间难免嘈杂浮华，所以更需要一颗放松的心，缓下来，即使是面对一汤一菜，也能够耐心品味。然后看着心逐渐变得沉着踏实，与世界重新建立温暖朴素的联系。

【素食禅心】

素食主义，对于现代人来说已经不再陌生。

禅宗认为万物有灵，特别是生物，生命形式越高，越有灵性。从慈悲的观点看，一切有情众生皆有天命，珍惜生命，首先便要戒杀。

可对于很多普通人来说，长久以来已经习惯了荤素相配的饮食，并不适应完全的素食。那么其实也并不需要强迫自己或旁人一下子全盘接受素食，否则心中不情不愿，如苦行一般，反而会生出额外的排斥之心。

但可以试着了解，无论禅宗，或是素食主义，其实最本质的都是出于尊重、敬畏每一个生命。

这样，即使继续吃荤，也会渐渐舍弃一些令动物感到痛苦的制法吧。

成为一个素食主义者，或许并不一定要像圣雄甘地一般，戒蛋、奶、大豆、食盐，完全以艰苦修行的方式素食。平凡如我们，可以尝试着做一个自在的素食倾向者，从一天做一顿全素餐开始，或每周、每月挑出一天来体验素食，快乐地感受清净饮食中的能量，并与友人分享。

曾有医师把新鲜的五谷、蔬菜、水果、菌菇称为悦性食物，因为它们容易被人体消化吸收，同时消耗的能量也最少，使人生出轻松愉悦的感觉。尽量多吃这样的食物，会渐渐感到身体变得洁净、轻盈，更懂得节制与内省，与都市的喧嚣隔绝开来。

不妨试着以怡然的生活态度、平和的生命关怀，品味自然清净的饮食，感受万物生长的阳光、土壤、雨露，清洁自己的身体，也滋润自己的心。

五谷杂粮

在瑜伽中,食物分为悦性食物、变性食物和惰性食物。悦性食物是品质很高的碱性食物,包括新鲜蔬菜、水果、干果、粗粮、坚果、蜂蜜、酸奶、豆制品等。悦性食物易消化,不易在体内堆积尿酸及毒素,使身体变得健康、轻松和精力充沛,身心变得愉悦、自律、快乐、平和而稳定。

朴拙酣畅

——书画

人间有味是清欢

○ 书法

昔有佳人公孙氏，一舞剑器动四方。
观者如山色沮丧，天地为之久低昂。
㸌如羿射九日落，矫如群帝骖龙翔。
来如雷霆收震怒，罢如江海凝清光。

——杜甫《观公孙大娘弟子舞剑器行》

相传唐代草圣张旭见到公孙大娘舞剑后，草书技法大进。通过这段杜甫对公孙大娘舞剑的描述，看公孙大娘剑风收放自如，干净利落，洒脱豁朗，不正恰似草书书写中狂放却自有分寸的风骨。

中国书法实在很神奇，无论篆隶行楷草，明明写下的是规定中的字体结构，却能以笔法与心意，创造出一个具象之外的世界，在墨色与留白之间畅快呼吸，书写出得意忘形的禅家心境。

在知分知寸中达到与世界的相融相通，这或许便是书法最美的地方吧。

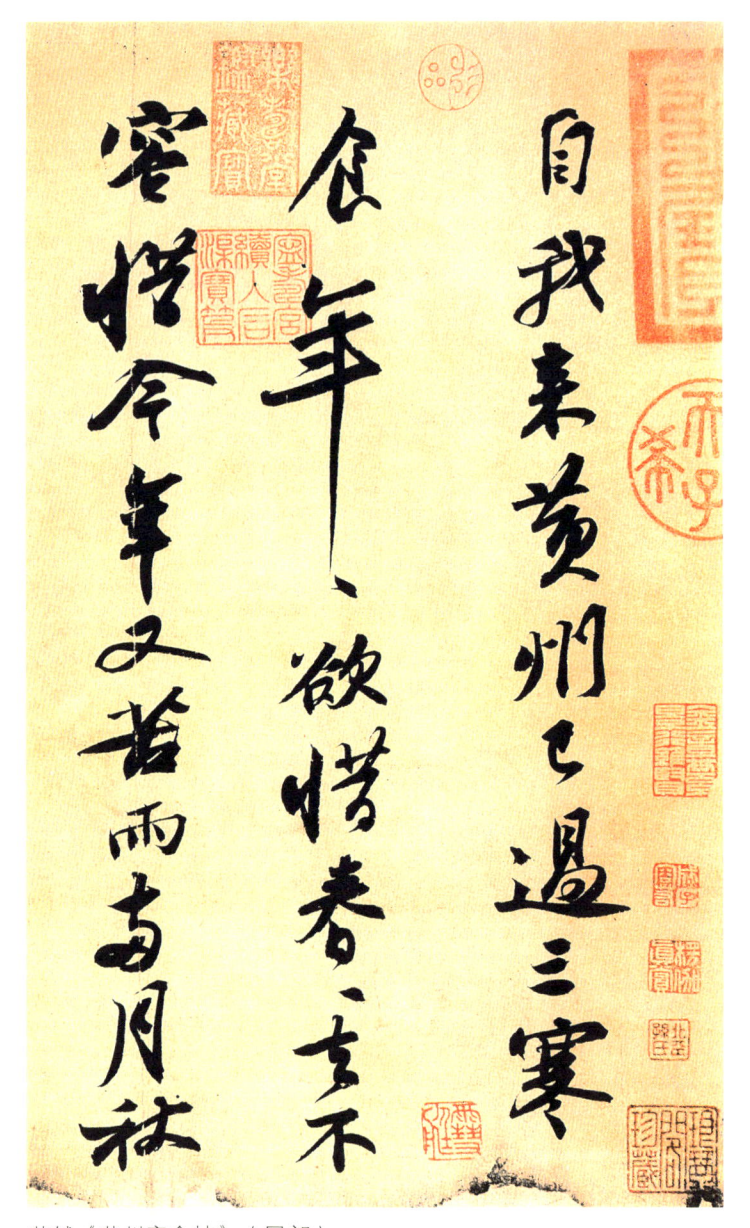

苏轼《黄州寒食帖》（局部）

【永字八法】

"永字八法"自东晋卫夫人以来便被奉为书法准则，它以"永"字的八个笔画，阐述了书法中最基本的用笔道理。

"永字八法"为书写立下了尺度，又留下巨大空间令书家自在挥洒。

习字常从临摹开始。这仿佛是禅宗渐修的起点，要想探得真意，先总需用心体会。

即使是书法大家米芾，在40岁以前也只是处于集古字阶段，之后方能博采众长，自成一家。倘若没有下过工夫好好试过水墨层次，怕是不能在浓淡干湿焦的墨色变化中，书写出"带燥方润，将浓遂枯"般丰富的意境。若没有认真练习过一笔一捺中锋侧收，应很难写出中锋的饱满线条、直立涩行的苍劲老辣。甚至如果没有仔细准备过握笔书写时的身姿与呼吸，亦无法恰如其分地运笔，写不出线条抑扬顿挫的节奏感。

但是，如果一直停留在对墨色、笔力、运笔、似与不似的关注上，也并不能作出酣畅感人的书法来。大约需要先习得，再忘记，尺度在心中，逸气在笔端，才会到达随心所欲不逾矩的化境。禅僧书家怀素，擅长以中锋气势作大草，曾"忽然绝叫三五声，满壁纵横千万字"，其字如"骤雨旋风，声势满堂"。而在如此疾速的通篇飞草之中，极少失误，虽率意癫逸，千变万化，却始终心存法度。到达这样的境界，才算是悟得了"永字八法"的真意吧。

关于"永字八法"，还有一则有趣的禅宗公案。

唐代，一个秀才拜会道明禅师，称自己可写24种书法名家字体，自恃从书法中悟得佛法三昧。

道明禅师以拄杖在空中点划一番，随即问道："会否？"

秀才茫然不知所措。

【"永"字分解】

永字笔画一　侧

　　笔锋触纸后向右，慢慢加重力道下压，再慢慢上收转向，回笔藏锋视情形改变其角度。

永字笔画二　勒

　　笔锋触纸向右下压，再横画而慢慢收起，作一横向笔画。

永字笔画三　弩

　　为一直向笔画，以直笔之法作开头，竖笔慢慢向下写，向左微偏作一曲度后返回，其笔画不宜直，否则无力。

永字笔画四　趯

　　当竖直笔画完成后，趁其势顿笔再向左上偏，一出即收笔向上。

永字笔画五　策
　　笔锋触纸向右压，再转右上斜画而慢慢收起，要点是需轻抬而进。

永字笔画六　掠
　　向左下的笔画必须快而准，取之中的险劲为要节，出锋需干净利落。

永字笔画七　啄
　　又称短撇，为一向左下之笔画，如同鸟啄树般的力道和气势。

永字笔画八　磔
　　向左下之笔画，徐徐而有劲，收尾时下压，再向右写横画而慢慢收起。

书法演示：于乐

道明禅师拂袖而过说:"会二十四家书,却原来连永字八法也不懂得。"

在道明禅师的点化中,"永字八法"代表了书法万变不离的本宗。秀才学书虽多,却只见树木,不见森林,过于执著于技法上与名家相似与否,不见本心,并没有领悟书法真正的玄机。

待到真正明了汉字一笔一画排布构局的道理,心有分寸,那么学得像不像已经不再重要,待那时,将以我手写我心,随心所欲不逾矩,冲淡自在,安和畅快。

【得意忘形】

许多书家都认为,得意忘形是书法的最高境界。

于墨色浓淡中参透世间万物彼此相关相合,以手写心,像是与世界击掌而

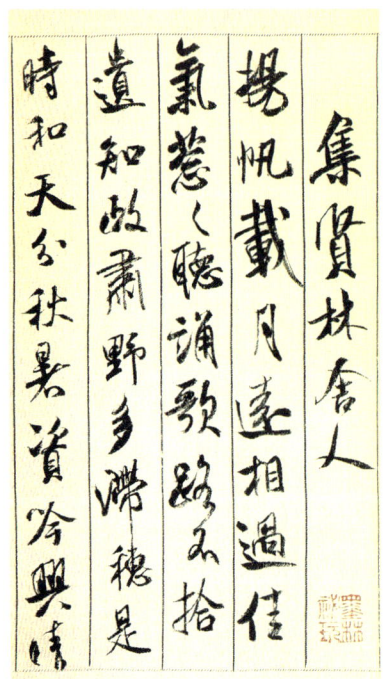

宋 米芾《蜀素帖》(局部)

　　此帖用笔多变,正侧藏露,枯润相济,此书愈到后面愈飞动洒脱,激越痛快、神采奕奕。因蜀素粗糙,书时全力以赴,故董其昌在《蜀素帖》后跋曰:"此卷如狮子搏象,以全力赴之,当为生平合作。"

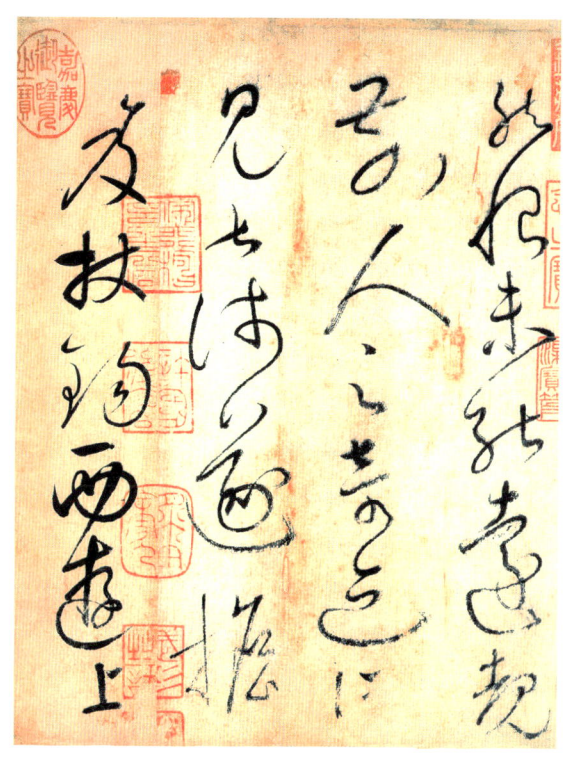

唐 怀素《自叙帖》（局部）

《自叙帖》是怀素流传下来篇幅最长的作品，是他的狂草代表作。全篇702字，126行，洋洋洒洒，一气呵成。作者利用了点、线形的各种变化，以及用笔的方圆、干湿对比和空白的巧妙切割，使书法具有音乐般的节奏感，如龙蛇竞走，圆转流畅。

合，相视笑忘。得其意而忘其形，仿佛是从渐修中顿悟，"出新意于法度之中，寄妙理于豪放之外"，行云流水，率意而至，无意于佳而佳，忘其技法，却得见本心。

这样的境界，最易于在草书中感受到。

草书是抒情表意的书体，结构简省、笔画连绵、笔法丰富，通过大开大合来营造丰富的空间变化，无拘无束，变化多端，不囿于法度，充分表达自我。这样仿佛斩断一切妄念，直指本心的境界，好似禅境。

禅宗与草书有着这样的契合，所以众多禅僧用练习草书作为参禅悟道的手段。尤其在张旭创造了狂草之后，这种神鬼莫测、能够尽情发挥内心旨趣的形式，成了众多禅师书法家一致的选择倾向。

唐代书法家张旭，天才横溢，被称为"张颠""草圣"，他用狂草将唐开元旷达酣畅的气息和自我洒脱的生命力表达得淋漓尽致。张旭很喜欢以酒助兴，每大醉时，呼号奔走，有时还会以头发蘸墨大挥草书。其作《古诗四帖》现藏辽宁博物馆，共40行，188字，运笔于使转时，圆头逆入，近于篆法；行笔于点画间，又近于隶笔。线条饱满含蓄，柔中见刚，动中寓静；特别善于提按，使笔锋出之有力，筋强骨健，明代书画大家董其昌称之"有悬崖坠石，急如旋风之势"。

北宋禅僧黄庭坚亦以楷、行书用笔化入草书，书风个性显然，堪称宋人尚意

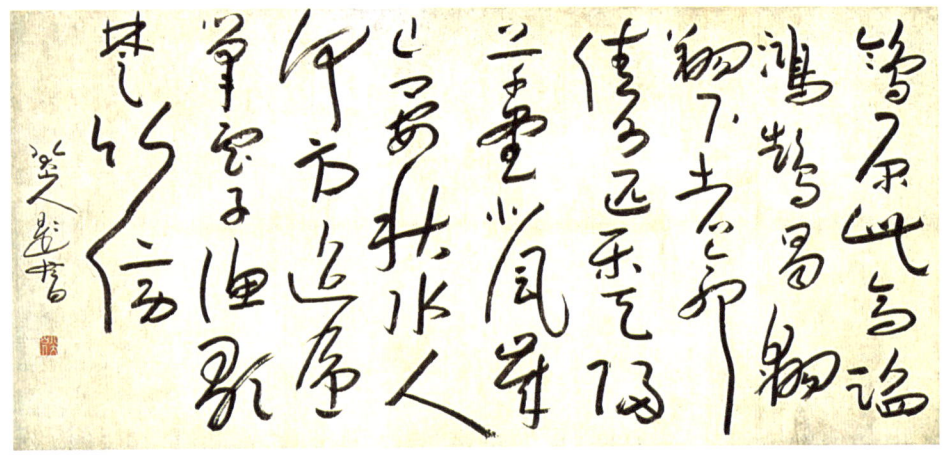

清 朱耷《题画诗轴》

朱耷，号八大山人，明宗室，明亡后出家为僧，书画皆精。其书风自成一格，别具特色，行楷圆润朴素，草书狂怪不拘。其于书作上署名时，常把"八大"和"山人"竖着连写。前两字似"哭"似"笑"，后两字则类似"之"字，即哭之笑之。

此轴录五言题画诗一首，是八大山人的晚期成熟之作，纯用中锋挥就，如绵裹铁，行笔沉实，笔画流畅圆劲，结构舒张，古雅飘逸。

的楷模。现存故宫博物院的《诸上座贴》是其草书代表作，内容节录五代文益禅师《语录》。此帖草法至为纯熟，全篇无一笔轻率，几乎无懈可击，结字瑰奇，墨色枯润相间，笔势飘动俊逸，章法错落流贯。

在他们的书法中，观者所见的已不是各个分离的汉字，而是笔意奔放、血脉不断、放纵连绵的生命意识。或许在技法至臻后，若能物我两忘，不为形格所拘，挥笔写心，便如云水禅机，妄念尽消，惟见本心。

【书写通禅】

书法自产生便与佛禅关系密切。这不仅是指佛禅僧人的写经之举，更因为以毛笔书写汉字的本身便深具禅意。

自佛教传入，写经便成为僧人的一项功课。写经，不但可以将佛教教义保存流传开来，亦可以使抄写者心如止水，安然宁静。怀素、担当、贯休、八大山人、弘一法师……许多高僧皆为著名书法家。

明代时，董其昌还曾特别总结出禅意书法的三个境界，即"初若印泥，中若印水，终若印空"，这也正是由渐修到顿悟的过程。

禅僧的写经固然充满禅意，但其实，不管抄写的是不是经书，若能安心老实地按照书法要求来写一篇大字，对身心都是极好的滋养。

因为练习书法本身便已然像是一场安静的禅修太极。

练习书法时，需要我们全身处于端坐或直立的状态，从头到脚保持正直，所谓"头正、肩松、身直、臂开、足安"，凝神专注，一心一意，排除杂念，将自身的感受，通过柔软的毛笔将刚劲有力的字写在宣纸上。在运腕挥毫时，或运指，或悬腕，或悬肘，甚至需要全身之力，全身仿佛在进行着一场轻柔而有力度的太极推手。再看面前柔软宣纸上的墨气氤氲，多一分少一分的格局差异，便如呼吸一样需要沉着酣畅的静修。

习字坐姿

坐姿适合于写较小的字，写大字时就需要站立。坐着写字，头要正，身要自然正直，两手自然据案，把笔立于正前方，两脚自然分开着地，使整个身体保持平衡端正，让每个部位都感到舒适和轻松。

习字站姿

站立写字也应头正肩平，运笔时注意调动腕、臂、腰以至全身的力量。

书法演示：于 乐

执笔

就：用大拇指的指肚按住笔管，向右前方与食指相对用力。

押：食指弯曲斜向下，用第一关节靠大拇指的边侧与大拇指相对，用力押束笔管，将笔固定住。要注意不可用食指的中关节弯曲来钩夹笔管，否则握笔虽牢固，但极不灵活。

钩：中指弯曲，指尖斜下向内，钩住笔管的外侧向掌心方向用力。

揭：也叫格。将无名指弯曲，用指甲与肉的交际处抵住笔管，向外向上用力，即与中指的用力方向相反。钩与揭主要是在运笔时能对笔的回环使转起作用。

抵：小指弯曲如无名指，并紧贴无名指，对无名指起辅助作用。

另外，在不同的情况下，执笔的手势、松紧、高低，以及枕腕、悬腕、悬肘都不是绝对的，只要以运笔灵活、便于表现点画的艺术效果为原则即可。

运笔

讲究提按。这样笔画线条有了粗细上的变化，才有可能塑造出千变万化的点画形态。

讲究节奏。无论在每一个点画里还是在不同的点画中，运笔都要有快慢的不同，都要有节奏上的变化。起笔要慢，行笔要快，收笔又要慢，这样才具有节奏感。

注意轨道的准确。运笔过程中能使点画的位置、长短，以及趋向符合结体取势的需要。这样写出的点画才沉稳扎实，劲健有力。

运行自然。运笔没有一成不变的套路，不必刻意地做某种姿态。字体有不同，风格各异样，运笔的方法也会有所变化。随需而变，出乎自然。

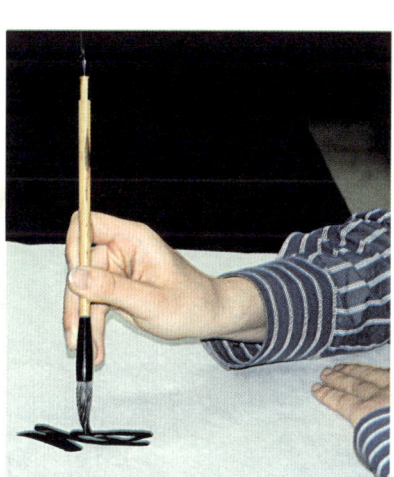

近代 弘一法师《楷书心经》（局部）

　　弘一法师俗名李叔同，浙江平湖人，生于天津，是才气横溢的艺术家，集诗、词、书画、篆刻、音乐、戏剧、文学于一身；也是一代高僧，绚烂之极归平淡。弘一法师以楷书写《心经》，字帖看似平淡，却诚挚谦和、朴拙圆满、浑若天成。

在这样思想专注的情境下，心中眼中只有面前的文字，去除了妄念与烦恼，持之以恒，则意念集中，襟怀坦荡，身心愉悦。

当感到焦躁不安时，不妨在面前铺展开宣纸，平心静气，沉肩悬腕，一笔一画专心于点画之中，慢慢地写，不久就会觉得情绪安定，冷静平和；当感到情绪低落、郁结烦恼时，不妨练习行书、草书，任意挥洒至酣畅淋漓，这样情绪可得以宣泄，再次意气风发。

○ 绘画

> 外师造化，中得心源。
>
> ——张璪《绘境》

书画同源，禅画一体，意存笔先，画尽意在。无论是酣畅写意还是恭谨工笔，都表达着中国画人对于世界独特的领悟。

作画或者赏画，当物我两忘、得意忘言之时，便是心中禅意生起之时。仿佛空诸一切，心无挂碍；静观万象，万象如在镜中，光明皎洁而各得其所，呈现着他们各自的充实及自由的生命，即所谓万物静观皆自得。

怡然自在的生命在静谧中吐露光辉。此中有真意，欲辨已忘言。

【水墨写意】

毛笔挥洒，墨香氤氲，淋漓古拙又不失柔和，浓淡两相宜。这样的空茫明净，是只属于水墨写意的禅境。

在北京故宫博物院，藏有一部《山水花鸟册》，其中的山、水、花、鸟并没有拟真的摹写，而是纵情挥洒，墨气泼辣淋漓，在似与不似之间沉着纵恣，神韵焕发。《山水花鸟册》是明代书画大家徐渭的作品,他开创了水墨大写意的画风,随性而发,随情而动,将中国的水墨写意推向了强烈抒写内心感情的境界。徐渭自号青藤道士,后世画人对他推崇备至,甚至唐伯虎与齐白石,都曾作诗愿为青藤门下走狗。

　　明代大书画家董其昌曾说:"画山水唯写意水墨最妙。何也?形质毕肖,则无气韵;彩色异具,则无笔法。"徐渭的题画诗也讲道:"不求形似求生韵,根据皆吾五指裁。"正如他们所说,水墨写意,最主张以神写意,直抒胸臆,以简练的笔法描绘景物,纵笔挥洒,墨彩飞扬。

　　看似单一的墨,却可分为焦墨、浓墨、重墨、淡墨、清墨五层次。墨本是寒色,由五墨构成的画应该有寒感,它的调子应该是灰暗的。但好的水墨画却会使人有温暖感受而并不感觉调子灰暗。这大约是由于好画善于利用空白来与黑的寒色相对比、相调和,因而使人有介于寒热之间的温暖感。

　　写意画强调作者的个性发挥。五代徐熙先用墨色写花的枝叶蕊萼,然后略施淡彩,开创了徐体"落墨法"。之后宋代文同兴"四君子"画风、明代林良开

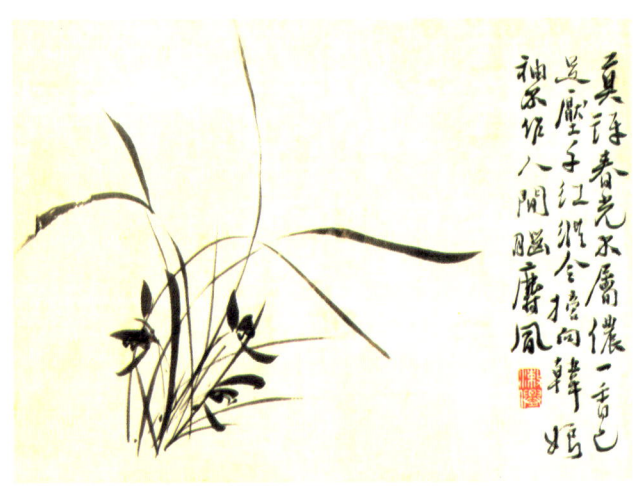

明 徐渭《兰花》

　　全册以水墨写意法画人物、山水、花卉,用笔枯淡浓湿、疏密虚实,俱在法度之中,纵逸奔放,泼墨淋漓,于"无法中有法",将水墨写意推向一个新的高峰。

"院体"写意之新格，明代沈周善用浓墨浅色，陈白阳重写实的水墨淡彩，徐青藤更是奇肆狂放求生韵，他画墨牡丹，一反勾染烘托的表现手法，以泼墨法写之。"扬州八怪"以"怪"名世，作画不拘常规，肆意涂写，以"乱"表露叛逆精神。

水墨写意单纯、自然，充满象征意味，表现出所描绘之物的神韵，也淋漓尽致地抒发出作者的感情。在这样酣畅淋漓的墨气中，画人已然不再是具象的描摹，而是抒发心中逸气，表达自己与世界的关联与体悟。

【工笔敛心】

如果画一枝荷花，你会怎样画？

如果是一位工笔画者，他会用去一段时间用心观察一池荷花，心中印下了荷花的生长凋谢；然后将敷有胶矾的熟宣或绢布铺开，以狼毫小笔白描勾线，淡墨勾花，重墨勾叶，枯墨写茎；然后荷花花瓣尖部用淡粉白色倒染，荷叶用淡墨分染；然后以淡曙红色分染荷花，以青绿色罩染荷叶，以深青色擦染枝干；再以淡墨统染荷叶，藤黄点花蕊。在渲染花瓣时，往往会在渲染一遍后，等待几天颜色干透，再继续渲染第二遍第三遍乃至更多遍的淡曙红色。

听起来很繁复吧，大约也正是由于这样的缓慢恭谨，使人觉得工笔不够洒脱，以致在讲到画有禅意时，常将工笔排除出去。可是，也正因着工笔这一份对万物敬重下的温和耐心，使它具有了让心平静敛合的力量。

工笔画的历史很久，从战国到两宋，从幼稚走到成熟。与水墨写意画不同，工笔画更多地关注细节，注重写实。工笔画使用"尽其精微"的手段，通过"取神得形，以线立形，以形达意"获取神态与形体的完美统一。唐代周昉的《簪花仕女图》、《挥扇仕女图》，张萱的《捣练图》、《虢国夫人游春图》描绘的都是现实生活，这些作品描摹细腻写实，并且真挚而富有诗意。

城市里的禅心

南宋 佚名

此画是南宋院体画的上乘之作,以没骨法绘之,用笔轻细,敷色柔美。花瓣色晕过渡微妙丰富,清新雅丽;荷叶叶筋以双钩填色,漫然舒卷,纹理隐现,绰约入神。

边鸾作《牡丹图》,光色艳发,妙穷毫厘,甚至可以观察出描绘的是中午的牡丹,因为画面中的猫眼有"竖线"可见。五代画家黄筌写花卉翎毛因工细逼真,呼之欲出,甚至会被苍鹰视为真物而袭之。

无法想象,如果没有对自然全心全意、细致入微的热爱与感受,如何能画出这样工细的工笔?而在描绘时的专注与认真,又何尝没有如修禅般的敬重与忘我!如果说水墨写意像是禅修中的顿悟,那么工笔便像是禅修中的渐修,并无意蕴高下之分,只是方向有所不同罢了。

云卷云舒——居住

人间有味是清欢

○ 建筑

> 人，诗意地栖居在大地上。
>
> ——荷尔德林

古时，苏州有养石传统。园林主人选择多孔透气的大山岩，略加雕琢，然后找一处湖边或溪畔，把石头放到水中。

这些石头堆积在湖底，被水流冲刷出奇特的形状。若干年之后，养石者本人或是子孙收获这些石头，再放入花园组合。这时的它们，似乎成为自混沌初开即忍耐着烈日和潮汐的雕塑，如宇宙的幻想般接近永恒。

从这样别致的养石传统，仿佛看到一个家族绵延世代的耐心，还有对生活趣味的热情专注。其实这也便是建筑的意义吧，不仅是容身之处，更希望可以建立人与世界和睦明净的关系，诗意地栖居于这片土地上。

【人间闲地】

"澹阴。晓日。薄寒。细雨。轻烟。佳月。夕阳。微雪。疏篱。苍崖。绿苔。铜瓶。纸帐。林间吹笛。膝下横琴。石杵下棋。扫雪煎茶。美人淡妆簪戴。"

《玉照堂梅品》中的这一段话,几乎道出了中国古人心中悠然自适的理想家园。有人说,"园林是人在世间的天堂"。的确,中国园林以曲径通幽、法意自然的优美,在世间呈现出充满禅意的"人间闲地"。

"青青翠竹总是法身,郁郁黄花无非般若。"禅道与自然之间,禅境与园林之间灵犀相通。禅宗名寺,多在景色清幽之处,既是禅院,也是幽美的山水园林。而中唐至宋始,随着禅的普世化,古典私家园林也在禅的影响下,形成了宛自天开、含蓄澹远的写意风格。

苏州园林

就如同禅宗公案一般，中国古典园林的空间似实而虚，若即若离，不是一目了然，却能使人在游观静赏之中有所感悟，回味无穷。

中国的古典园林，移步换景、曲径通幽，于不经意中柳暗花明，悠然妙悟。在江南园林中，常以曲折回环的路径或游廊来组织景点，使之成为蜿蜒曲折的整体空间，给人以变化之趣和流动不尽之感。园内各空间就产生了既连通一体又曲折多变、自成格局的丰富效果。曲折之中，景物各异，境界迭出。

在西方，窗户就是窗户，它放进光线和新鲜的空气，但对于中国人来说，它是一个画框，花园永远在他外头。

——贝聿铭

城市里的禅心

苏州拙政园别有洞天半亭

在空间上,中国园林希望创造有限空间的无限情趣。各个空间围而不隔,彼此有渗透、连通,大处不觉其空旷单调,小处不觉其局促困窘,使人感到身处一个生动的、变化的世界,有着无限的妙趣。墙壁不再给人以封闭之感,而是与花木竹石相配,成为写意画板,"以壁为纸,木石为绘",化实墙为虚境,于小空间中构诗情画意,妙趣横生。此外,在园林创造中,叠石成山以成"咫尺山林",有山水写意画般的幽深意境和韵味。即使宅园的水泊面积有限,但可妙用"疏水若为无尽,断处通桥",再通过采用乱石驳岸、水因岸曲、曲桥穿水而过、花木掩映水池尽头等手法,造成曲水若为无尽的景深感。

"一切景语皆情语",无论立意构思还是掇山理水、莳花栽木,都可品味出中国园林追求自然本真的山水意识,以及个体生命悠然自足的人生态度。在可居、可行、可游、可赏的园林追求下,以这样曲径通幽、放意自然的意境,养一颗悠然自适、澹然忘归的禅心,其中"蓦然心会,妙处难与君说"。

【枯寂佗】

日本园林虽源自中国园林,但与中国园林追求自然的千变万化与勃勃生机的浪漫不同,而是多以静观为主,并逐渐走向了枯、寂、佗的禅式园林风格,没有完全、没有完成、没有完美,接受时光作用于万物的痕迹,从残缺中看到闲寂朴素的静好。

石庭,看似简素的设计,却包含了对建筑与时空的深刻理解,被称为"禅学的原点"。

石庭的同心波纹由细沙耙制而成。沙石的细小与主石的粗犷、植物的"软"与石的"硬"、卧石与立石的不同形态,相互呼应,抽象而有玄思。白沙、绿苔、褐石,均非纯色,从此物的色系深浅变化中可找到与彼物交相调谐之处。

在空灵、清淡、寂静中，日本园林将澹远禅意阐释得淋漓尽致，却又含蓄谦逊。如镰仓室町时代的枯山水，江户时代的茶庭，用禅宗的美学理念来演绎日本的园林艺术，枯寂玄妙，仿若"出三界之火宅，坐清凉之露地"。

枯山水在日本中世纪产生，是日本特有的造园手法，被誉为日本庭园艺术的最高峰。枯山水的布置一般以岩石为主，再以白沙、绿树、苔藓、光秃黑石相衬，构成微缩式园林景观，寥寥数笔却玄妙深邃，以极少的构成展现极大的意蕴。

在枯山水中，"水"由沙石表现，"山"则用石块表现，有时会在沙子的表面画上纹路来表现水的流动。枯山水几乎不使用开花植物，尤其在发展到后期时，更是竭尽其简洁纯净，无树无花，只用几尊石组，一地白沙，便凝练出一方净土。枯山水如水墨画一般，几乎像一场凝固的仪式，庄重深邃，散发着内在的永恒感与秩序感。

枯山水

茶庭则是源自茶道文化的一种园林形式。在进入茶室的一段空间里，茶庭式园林按照一定路线布置景观，以拙朴的步石象征崎岖的山间石径，以地上的矮松寓指茂盛的森林，以蹲踞式的洗手钵联想到清冽的山泉，以沧桑厚重的石灯笼来营造和寂清静的茶道氛围，有很强的禅宗意境。在和寂古朴的情境里，使步入茶庭的人心中自然而然地放松安静下来，沉浸在和颜爱语的珍重平和之中。

　　日本园林以大写意的象征手法来表现自然，布局简洁抽象，蕴含丰富，玄妙之息渗透在一草一木、一花一石中。虽然少了中国园林活泼泼的生活情怀，但以另一种枯寂幽玄的形式，在俗世建造起令人沉静内省的禅悟空间，令人触及永恒的时光，接受残缺的美丽。

【浮生若梦】

木与石。

钢铁和水泥。

　　工业社会里，人们被围裹在千篇一律、坚硬无情的建筑中，古人亲山乐水、融和自然的浪漫情怀越来越难寻。幸运的是，一些有才华有心性的建筑大师，用心地为世人呈现出钢铁森林中的禅意诗境。身处其中，只觉恍如隔世，浮生若梦。

　　贝聿铭与安藤忠雄是尤为突出的两位。他们使用理性的建筑材料和搭建原理，却可以使建筑看起来平静和谐，令人震撼又含蓄谦逊，宛自天开，宁静致远。

　　贝聿铭被称作最后一个现代主义建筑大师，他注重抽象形式，设计了大量的划时代建筑。从20世纪80年代末，他从现代派的大规模建筑，渐渐转为更倾向于自然感的小规模建筑，以及对东方意境、中国山水理想的憧憬。

　　苏州的狮子林曾是贝家祖上园林，江南园林对贝聿铭的建筑风格有着莫大的滋养。他习惯于用杜鹃花、卷轴画和一只养金鱼的玻璃缸来温暖刚硬的现代风格。贝聿铭曾把建筑比作手工制鞋,需要留一些原汁原味、不加修饰的人工制作痕迹在建筑中,认为对于一个建筑师来说,除了把东西连起来以外,纹理、色彩、形状和光线的和谐是更高的境界。

苏州博物馆新馆是贝聿铭的封笔之作。从外观看去,整个新馆如水墨般的江南景致,抽象写意、洁净雅致,又间或以紫藤绿竹点缀,使新馆与旧馆自然衔接,充满诗意。苏州传统的飞檐翘角被演绎为抽象的几何造型,玻璃屋顶与石屋顶相互映衬,自然光层次变化,如诗如画。在苏州博物馆新馆内,贝聿铭还布置了一座宋式画斋——墨戏堂。每当夕阳西下,在墨戏堂前的小院里,婆娑竹影映在地面白色沙石上,碎影流光相徘徊,空明澹泊,仿若静谧禅声,无言而令人感动。

日本的美秀美术馆,亦是贝聿铭的禅意建筑代表作。美秀美术馆建于一座山头,从远处眺望,露在地面部分的屋顶与群峰的曲线相连接,隐蔽在绿丛中,和自然和谐共处,仿佛随群山律动。在屋面玻璃与钢管支撑杆之间的空间,设计了滤光作用的仿木色铝合金格栅,格栅梦幻般的影子泼洒在美术馆的大厅及走廊,空间中便流淌出山野的静谧。

安藤忠雄的建筑风格静谧而明朗,融合了东方美学与西方建筑理论,渗透着日本禅文化的枯寂之情。他开创了独特、崭新的建筑风格,他注重人、建筑、自然的内在联系,以半制成的厚重混凝土,以及简约的几何图案,构成既巧妙又丰富的设计效果。

无论是住吉的长屋、石原邸,还是光之教堂、直言宗的水御堂,安藤总能在光的运用中表现出与现代建筑大师迥异的设计意匠和技艺。他从日本传统建筑那里获得灵感,将日本传统住宅中丰富的光影变化和特有的空间关系,运用到新建筑之中,使建筑不再是孤立的单体,而是与场所环境相互联系。在他纯粹的构成中,通过光影摇曳、风雨变幻就能判定时间与自然的存在和变化。

光之教堂是安藤忠雄的成名代表作。虽然这是一座教堂，却充满禅意。教堂设计极端抽象简洁，由混凝土作墙壁，并没有放置任何多余的装饰物。在礼拜堂正面的混凝土墙壁上，安藤忠雄留出十字形切口。坚实厚硬的清水混凝土绝对的围合，创造出一片黑暗空间，使置身其中的人瞬间感觉到与外界的隔绝，阳光从墙体的开口处倾斜而入，那便是著名的"光之十字"，清澈、圣洁，令人深深感动。

在这些充满禅意的建筑大师手下，钢铁、混凝土、玻璃、石材，不再是现代工业冰冷冷的构成物，而是以一种奇妙肃穆的几何组合，重新创造出了抽象、纯粹的静寂空间，仿若古远的禅梦，成为现代人心灵的归栖之所。

○ 家居

花依偎着夜

灯编织着光

猫在角落纺着睡觉用的纱

炉上的咖啡壶发出阵阵鼾声

孩子在地板上默默做着言词的游戏

——《花睡在窗台上》

明代黄花梨木四出头官帽椅

最令人感怀的明式家具多是以黄花梨木制成的。黄花梨色泽温润，质感细腻，纹理如行云流水。因黄花梨木珍贵，文人与工匠在制作时需要更加珍惜小心，每一个造型都反复琢磨，每一处的装饰都细致入微。因此黄花梨木所制成的家具，大多质朴简洁、明快文雅、醇厚优美。

无论拥有的是几百坪的豪宅，或是租来的一角陋室，家都是我们最放松最能展现本来面目的地方，它默默无言地见证了我们笑容背后的哭泣、勇敢背后的脆弱。家中那些添添减减的器具，也在不知不觉中刻下了我们人生的段段剪影流光。

人生并不完美，难免有泪水与不堪。可是苦乐相伴，这就是世界的常态。

那么不妨像禅宗中所讲，安然地接受这样的本来面目，感受世界的不完整与生生不息。

禅意体现在家居中，便是以不苛求不执念的智慧，创造出一个简单但充满心意的空间，接近陶、木、石这样的自然之物，感受自然带给人心的抚慰与开阔。

听来似乎虚空，其实做起来很简单。就好像，只要找一只便宜素朴的陶罐带回家中，装以土石与清水，植上三五枝小白子午莲。春季撒种，夏秋赏花，便可以于四季变换中看陶土、清水、花枝相映照，神清气朗。

或许，只有这样一点点布置起来的充满慧心的地方，才是能带给我们平和喜悦的真正家园。

【禅悦家具】

简练、淳朴、厚拙、凝重、雄伟、圆浑、沉穆、秾华、文绮、妍秀、劲挺、柔婉，这些词汇本是收藏大家王世襄先生对于明清家具佳品的品评，但是似乎也可以视为禅宗对于人生的描述。

中国古家具多以木质构成，这些家具中所体现出的对木材的理解与尊重，在西方是很少见的。东方人认为，树木吸收着天地的气息，有着独特的灵气。精心选择，以木为家具，会使自己与自然保持着一种身心联系。随着时光的推移，木质家具的表面会产生一层幽暗沉着的光泽，充满温润的情感。不同生长环境的树木有着

禅意家居

不同的木质特点，并不需要强行切割改变，只需因势利导，接收自然最本真的面目，再加以利用即可。这几乎是东方人尤其是中国人所独有的文化心理。

正因为这样对木质的熟悉与推重，使得中国历史上曾出现过非常美丽的家具，以至于到今天，世界各国的博物馆都把中国的家具作为重点收藏。

中国最优美的家具出现于明清，尤以明代家具最为雅致。明式家具挺拔秀丽、温良谦逊、隽永古雅、朴素大方，充满了天然、优雅、简朴的万物相生之绵绵气息。明代还出现了以树根制成的家具，讲究利用天然树根自然形成的造型，不加修整或仅稍加修整，提倡天然形成为上品。还有专以"瘿木"为材的家具，瘿木本是纹理扭曲容易开裂的病木，但中国家具化腐朽为神奇，将瘿木点缀于优木之间，使得平常家具有了弦外之音、韵外之致。

不论是木材本身的特质，还是制作者对木质的理解与运用上，都表达着中国古人对自然的亲近与敬重之情。当时最优良的家具，不用外材钉粘，全部构件都能靠插接组合起来。而且优秀的工匠对于好的木材珍惜备至，尤其是苏州的木工者，非常讲究所有的木材都要用上。当他们做完家具后，地上除了木屑，不会有整块的木头。这样的制作工艺与过程，体现出古人在制作家具时沉静、简朴的心怀，也正是由于制作者对于木材的理解与珍重，才能使明代家具绵延数百年，魅力永存。

【剪影流光】

充满禅意的器具设计，常凭借残缺的古朴来体现美，表现出一种极静的空寂，令心沉淀安静的同时，会不知不觉反观人生，消解曾经的执念。

一些现代的家居用品设计，简洁空明，节约实用而充满禅宗意趣。无印良品或许可以作为禅意生活用品设计的代表。无印良品的产品没有商标，大多是纯天然质地，没有不必要的加工与色彩，简单到只剩下素材和功能本身，令人在不知不觉中安静欣赏原始素材和质料的洗练、素净和单纯。

明代黄花梨木交椅

清雅居室

还有许多没有品牌的小器具，它们可能散落在货柜的角角落落，可是如果仔细看，也会发现制作者的点点慧心。不论是一套茶具，或是毛巾，或是台灯、餐盘，充满禅意的设计往往简洁洗练、意境清新、形式优美。没有尖锐的冲突与高潮，没有草野气，但是细致、平静、抒情，氤氲出清澈平和的氛围。

这样的设计，与其说是产品，不如说是一种生活的哲学。对自然、简约、质朴的看重与欣赏，令人体会回归自然的美感，体会到少即是多、不完美便是恰恰好的意味，使得生活中充满了平和喜悦的禅意。

还记得20世纪80年代的小小传奇女人，不曾停止过流浪的三毛，她辗转于世界各地，但从未简陋凑合地布置过暂时的栖居之所。

在贫瘠的撒哈拉沙漠坟场区的家中，她捡来羊齿科的植物做插花，捡来骆驼头骨做摆件，捡来轮胎再铺上一块巾布做成沙发。在安逸平静的台北屋子里，她用古朴的格子棉布围置起坐椅，用原色清漆的木头做成可以随手取书的书架，暖暖的光线有着流动的温柔。

那些房屋装置中流露出的对生命的热爱与追寻，曾给予少年时的我们多么温暖浪漫的想象。木石陶瓷金银器固然美好，可是更重要的，或许是无论富贵或落魄，都能随遇而安、热爱自然生活的明慧禅心。这颗心，才是一座房子中最灿烂的装饰。

【花非花】

日本大茶人千利休曾做过丰臣秀吉的茶道教师。丰臣秀吉刚愎自用，杀人如麻。

一年春天，丰臣秀吉招来千利休，要他当众表演插花。

按照惯例，插花是用筒形的器皿，丰臣秀吉却故意命人准备了一个铁盘子，里面放了些水，还有一枝含苞待放的梅花。

四下寂静。众人都为千利休而担心。

城市里的禅心

　　千利休神情严肃而悲哀，拿起那枝忍耐过寒冬正欲绽放的梅花，将花苞一点点揉碎，使它们随意飘荡在铁盘子的水面上。最终，只剩下两三朵花苞残存于一枝光秃秃的枝干上，气息奄奄地斜倚在铁盘旁边。

　　这时，所有人都屏住了呼吸，连丰臣秀吉也落下泪来。

　　此时的花与花艺，已经超越了具体的样貌，而表达出人生的况味，直指人心。梅花含苞欲放，满存生之美好，然而却被轻易碾碎飘零，此番人生之脆弱残酷的况味，一定经由千利休的双手侍弄，明明白白地传递到了在场的每一个人心里。

　　花木之中蕴含着天地禅意。而插花之道也并不仅仅是为了摆弄出优美宜人的花朵造型，更重要的，是以插花为介，感受人与花、人与万物共生共长的呼吸脉动。

　　对于草木花竹，东方人有着悠久深刻的体悟。与西方不同，东方插花并不注重富丽华贵的整体感，而更在意季节与自然的和谐、简洁、优美。大自然将花和树最美的一面无私地呈现给人，需要插花人细心地收集花材，处理枝、茎、叶，把一枝一花放在最适当的地方。只有以一颗宁静而恰到好处的慧心，丢弃繁琐，纯净自然，才能真正创造出悠然韵致的花艺作品。

花木之中蕴含着天地禅意,发芽、绽放、结子、凋零,在岁月荣枯中本分自然地活着。人生亦应如是,各得其所,各安其分,平和安然。

花材、花器是否名贵并不重要，在竹筒插一枝燕子花，在细颈瓶中插一枝菊花，简单朴素的花朵与花器，却可以荡漾起无穷的禅意。但插花人是否有一颗淳朴自然的心，却决定了其最终的好坏。只有当插花人谦和地怀着欣赏之心去面对花枝时，才不会损伤花朵本身的芳姿，才会在插花时顺应自然。如果翻来覆去地修正，到最后错过了花时，伤了花意，叶萎枝枯花谢了，便一切前功尽弃了。

　　在花道中，一般都以单数插花。以1、3、5、7、9这样单数插置出来的花，叫做"生花"，意思就是有希望的花。而以成双成对的偶数插置出的花，被称作"死花"。不知道是不是由于不圆满，才显得有希望。或许有时候，缺憾比圆满更美，与其事事追求完满，不如恒常保持一个有希望的观点，生生不息。

　　花即花，又非花，花木之中好似藏着一个禅意的世界。用心看，便会发现人生亦如是。绽放、凋零、喜悦、脆弱，在岁月荣枯中平和自然地走下去，不强求、不执著，用如意的、光明的、广大的心来应对生活，无怨无悔，各得其所，各安其分，如是而已。

养一株莲

　　如果我们不是建筑师，不是设计师，不能把自己的心愿凝结成一座庞大的建筑或一件物品，那么就从最简单的方面入手吧，养一株花。插花当然也好，只是看到花朵被切下而凋落，总是会不免有些心疼。

　　如果是夏天，就买来一些碗莲的种藕吧，悉心地照料，静静地等待，与小小莲花一起绽放。

第三章 此心安处即故乡

禅,并不仅仅是充满机锋的文字游戏。禅心,本应包含着对生活、他人与自己的诚恳敬重。

世界很大,路很远,但若安下一颗知足的光明心来,何处不是温暖故乡?

明镜止水
——自己与自己的关系

城市里的禅心

○ 本来面目

由于忙碌和散乱，我们已经看不见内心深处的自己了，远离了自我，我们的心是如此焦虑，充满成见，要学会驯服你的心，让它变得柔软。

——《西藏生死书》

"不思善，不思恶，正与么时，哪个是明上座本来面目？"

"本来面目"，是禅宗用语，即人之真心本性，不考虑善恶是非，是真如佛性，是干净的、没有物欲障蔽的本心，不生一念，一派天真，不加伪饰。

可是，匆匆行走的我们，还记得自己的本来面目吗？

或许，当古老的钟声还没有敲响，万物还未漂泊流浪，彼时的静谧就是我们的心。

或许，千江有水千江月，万里无云万里天，这一片当下的清明，就是我们的"本来面目"。

【倾听】

日本明治时代有一位禅师，名为南隐。一天，一人前来向他问禅，他以茶相待。南隐将茶水注入这位来宾的杯子，直到杯满，而后又继续注入。

来者眼睁睁地望着茶水不息地溢出杯外，忍不住说道："南隐禅师，不要再倒了，水已经漫出来了！"

"你的心就像这只杯子一样，"南隐答道，"里面装满了自己的过去。如果不先把自己的杯子空掉，怎能听到我对你说的？"

我们的心又何尝不是像那只杯子一样塞得满满的呢？忧愁、欲望、焦虑，随着时光一点点地蒙住了本心。每天似乎有做不完的事情在前方，我们被莫名力量推着一直向前走，不敢停下来，害怕一旦停下就会失去。可是夹裹在大多数人所谓前行的队伍里，我们为什么仍然会感到困惑、无所适从？

流水不争先

我们是否也应当像对待那只杯子一样，先把其中的成见倒掉，然后才能在静默中倾听世界，倾听我们的心。

或许我们会听到，有一些别人以为很值得的珍宝，其实并不是我们心中真的想要，愿意付出一生代价去争取的。

或许我们会看到，自怜、自卑、自傲，那些被自己遗弃或不愿承认的性格，并不是凭空生成的。它们是我们成长的痕迹，像细密的伤口，很疼，却令人懂得更多。

我们会渐渐感受到自己的位置，明白自己究竟是怎样一个人，真正在乎的又是什么。

有时候，也许我们会看见，心中像是有一个被忽略了很久的小孩子。他皱巴巴的，不太漂亮，我们责怪他，厌弃他，嫌他不够完美，而他却一直在等待，等待着我们看到他，等待着我们明白，不圆满才是人生，而正是所有的不完美，记录下我们生长转折的点点滴滴。

或许会有眼泪掉下来呢，没关系，那就痛痛快快地哭一场吧，以眼泪洗去心上的蒙尘。我们忘记了自己这一颗心，有多久去埋怨它，却没有真正好好地倾听过它，爱过它。那么就请在静默中，一遍又一遍地体会这颗被我们忽视了那么久的心。体会它为什么痛，为什么喜，为什么忧，只有当我们懂得了它，它才能复归本位，清澈如初。

然后，就如泰戈尔所写：

静静地坐着吧，我的心，不要扬起你的尘土。
让世界自己寻路向你走来。

【承认】

山冈铁舟是一位修禅的日本剑术大师，被后世称为剑豪禅师。

年轻时，山冈铁舟到处参访名师。一天，他拜访了相国寺的独园和尚。

为了表示他的悟境，山冈颇为得意地对独园说："心、佛，以及众生，三者皆空。现象的真性是空，无悟、无迷、无圣、无凡、无施、无受。"

独园和尚一直在抽烟，未曾言语。但他突然举起烟筒将山冈打了一下，使得这位年轻的禅师甚为愤怒。

独园问道："既然一切皆空，那么试问怒从何来？"

山冈铁舟无言以对，心中有所省悟。

禅宗公案固然可以引发诸多玄而又玄的思悟，但这宗公案最令人感到亲切的，其实是山冈剑师修行过程中的不完满。

从山冈铁舟的身上可以看到，纵使是致力于修行的禅者，也并非可以一切皆空，仍存在着自身的局限与弱点。那么凡尘中的我们，又何必苛责于自己。我们就是平凡的人啊，虽然心中渴望清明，但那些不安与恐惧并不会突然消失。不妨就承认并接纳这样的自己，一半是海水一半是火焰，有着光明之地也有着黑暗背影。

只有这样承认自己的不完美，我们才有可能正视自己的本来面目，才会明了自己的方向。就像山冈铁舟，这则故事里只是他人生的一个片段，而正是由这样一段段的对人生的重新领悟，才令山冈最终成长为禅剑合一的剑道大师。

我们有时候会很笨拙、暴躁，有时候还会小气而自私，可是没关系，只要我们不去高傲地拒绝而又自作聪明地掩饰它们，而是承认这些自身的弱点，再渐渐地修正就好了。

或许，只有当我们了解并承认了自己的黑暗，才能更好地了解幸福，才能够真的去原谅、去宽容、去爱、去懂得珍惜光明与干净的可贵。

【坦然】

唐代，文学家李翱去拜访药山禅师。他来到药山禅师的堂前，连呼几声，却见禅师埋首读经，头也不抬。

李翱按捺下心中的不快，问："如何是道？"

药山禅师瞥他一眼，用一只手指天，另一只手指着壁龛上的净瓶问："明白否？"

李翱面露茫然。

药山禅师朗声说道："月在青天水在瓶。"

好一句"月在青天水在瓶"。月亮在夜空皎皎生辉，清水在瓶中静静无声，世间万物都有自己本来的样子，只要各得其所，各安其分，便是世间安和。

我们也是一样，有着自己的本来面目，虽然随着时光的流转和心中的领悟，我们会成长变化，可是在当下的每一刻，何不坦然地接受当时的自己。

柳绿、花红、狗吠、鸡鸣，世间万物都有自己的轨迹位置并安分生长，人亦如此。有生长就有凋落，有喜悦就有悲伤，有得到就有失去。

塑料花永不会枯萎、凋谢，因为它从未生长过。而我们，会生病、会老去、会死亡，会有这样那样的缺陷，可这就是我们世间独有的一份生命旅程。坦然地面对自己也面对生命吧！只有坦然，才会令我们在人生这场旅行中走得放松而自在，才有可能真正让喜、怒、忧、思、悲、恐、惊这些人之常情归于淡然。

一些唱黑人灵歌的女歌手，体态胖且并不算美丽，可是她们仍然爱自己欣赏自己，去唱歌去跳舞，享受自己的身体与声音。听到她们温暖宽厚的声音，看到她们自在的摇摆样子，旁人也会不自觉地沉浸于微笑中。

　　为什么不像这样坦诚自然的人学习呢？我们知道自己和世界的不完美，但热爱自己，也热爱这个世界。我们愿坦然面对自己所有的光明与黑暗，做该做的事情，走该走的路，好好活着。

云南元阳风光

○ 心花绽放

如果我会发光，就不必害怕黑暗。如果我自己是那么的美好，那么一切恐惧就可以烟消云散。

——王小波

人之所以会痛苦，大约很多时候是因为自己捆绑了自己。

若能打开自己，相信自己的心，相信生长的力量，便会获得生命的自由与力量。

如果心是身体中的一亩田，何不像歌中唱的那样，"种桃种李种春风"，光明释然地活着。

【开放】

禅宗四祖道信禅师幼年时便喜爱空宗解脱法门。

14岁那年，道信到皖公山礼拜三祖僧璨。

道信说："师父慈悲，请教我解脱的法门。"

僧璨笑了笑，问："谁缚了你？"

道信心中疑惑，答道："没有人缚我。"

僧璨道："既然如此，还求解脱做什么？"

我们身上的束缚，大约都在于自己给予的捆绑，无论是在工作上，还是在生活或是情感上。而开放的态度可以改善我们的生活，让我们能够更轻松有效地处理遇到的这些难题。以开放的心态，承认和接受它们的存在，不强迫自己深入，也不试图压抑，诚实地接受情绪存在，但让自己退到一旁，以超然、平和、宽广的心境来看待所有的情绪。

高山、大海、古树、野花、月光、夕阳、晨雾、晚霞、河流、云朵、麦田，晴空。

那些岁月枯荣与生生不息，神所赐予自然的，自然都会告诉你。

云南东川红土地

放松下来、停止执著,这样才会明了自己的真正需要。痛苦并不能持久,它们不是我们真正的本性。不需要为负面情绪而感到焦虑,也不需要为它们的存在而生出罪恶感,甚至自我憎恨或自我批判。

当我们把觉察力带到问题之上,而不是推开或盲目地执著,所有的负面情绪就不再会是心灵的困扰,甚至它们还会成为我们成长的契机。只要我们用正面的态度来对待,并以耐心去等待,让问题在时机成熟时自动显露并消解,负面的情绪便会转化为正面的,而快乐与安详也会重新回到我们的心中。正面态度的最显著效果,不一定是阻止痛苦的发生,而是当痛苦来临时,让它不变成自我压抑憎恶的力量。

人生并不完美,难免有泪水与不堪,可是世界的常态就是苦乐参半。而世界也在变化中,失望与希望交错,生生不息。只要我们可以放松下来,打开自己,即使是巨大的痛苦,我们的心都可以很好地化解它。或许,我们的本心就像蓝天一样,纯净而宽广,只要我们愿意,所有的痛苦便可以如浮云,来来去去,却不会永远遮挡晴空。

【生长】

　　曾有社会学家做调查，去访问那些在火灾中失去家财的人。令人惊奇的是，其中很多人并没有抱怨灾难，反而在感激火灾烧掉了一些东西，这让他们明白很多东西并不是那么重要的，失去它们并没有什么；也令他们懂得，自己最在乎，在灾难来临时最想保护的又是什么。

　　每一个人的成长中都并不能一帆风顺，但伤痛可以成为伟大的老师，失望可以唤醒我们。就好像，别离教会我们珍惜所有短暂的相逢，失去使我们懂得自己真正在乎的是什么，泪水令我们爱上所有的微笑。

　　如果生命是容易的，那么我们也许永远都体会不到真正的平和。树结疤的地方是它曾经受伤的地方，每次受伤后，受伤的部分便会聚集起更多的养分，长得更粗壮、坚硬。或许我们应该和树一样，令遭遇到的伤痛使自己变得更美好。生活中，免不了会有种种麻烦，但我们可以在困难的经验中发现平和，并且对每一个情景抱持正面的态度，并且深深地感觉到成长。一些安宁幸福，是因为曾经经历过天堂和地狱的跌宕，受过生活血与泪的磋磨，但从未放弃过自己所信仰的那些美好事物。

　　爱、善良、平等、诚实、勇敢、自由，生命的本能是向往美好，只要我们热爱生命本身，懂得感激，懂得珍惜，懂得从中成长，那么所有的痛苦都会变成我们生长的营养。

　　齐豫在歌中唱："每个人心中一亩田……种桃种李种春风。"才华横溢的瑞士画家保罗·克利说："栖息在这个世界上，不要像一个细胞而像个实体般栖息在这下方，跟那上方有所联系。以一个陌生人的身份热烈地寓居在和谐的宇宙中——这大概就是我的最终目标，可是如何到达呢？成长，目前只有成长。"

人是需要生长的，也一定会生长得更好。只要多一些相信与耐心，终会有一天，满江风月，青山绿水，尽入眼中，而心中如春风拂面，一片清明。

你微微地笑着，不和我说什么话。
但我觉得，为了这个，我已等待得很久了。
——泰戈尔

此心安处即故乡

【自由】

阮籍与嵇康，魏晋"竹林七贤"的领袖人物，常会做出一些令常人惊诧的举动。嵇康诗文书画音律俱佳，但不以为然于堂皇礼法，拒绝入仕，宁愿在洛阳城外做一个默默无闻却自由自在的打铁匠。阮籍会突然在车马途中感到天地苍茫而号啕大哭，会不拘礼法地趴在酒家娘子脚边熟睡，会因朋友之死而悲伤至口喷鲜血。

他们常被后人视为张狂而自由的象征。或许并没绝对的自由，他们的举动中也有着无奈与伤痛。可是与更多的人相比，他们明白自己的心，能够于喧嚣中选择去说自己想说的话，去做自己想做的事。这便已经是接近于自由的人。

这样的人言语或许不多，心中却有无限天真烂漫。他们的自由不是黑山鬼窟，不是冷水泡石头，四大皆空，而是拥有了一份随心所欲不逾矩的自在心，在定云止水中，有鸢飞鱼跃的气象，充满着活活泼泼的盎然生机。他们也并非真的不谙世事，而是愿意以清新的眼光看事物，又由于本身有真性情在，于是生活得反而比别人来得要更清醒。

王小波说："如果我会发光，就不必害怕黑暗。如果我自己是那么的美好，那么一切恐惧就可以烟消云散。"有这样一颗不惧怕黑暗与失去的光明心，自然、自在、满足、不强求于人、不委蛇于己，谦和着、享受着，进退两如。此时，无论身处何境，都有了自由心，朵朵莲花也会静静绽放于自由心中。

皓月禅心
——自己与他人的关系

此心安处即故乡

○ 破我执

> 凡愚妄想，如蚕作茧，以妄想丝，自缠缠他。
> ——《楞伽经》

生、老、病、死、爱别离、怨憎会、求不得、五阴盛。

我们不愿放手心中对于别人的执念，于是人生八苦，至老相随。

可是在佛禅中，执著，从来不是值得嘉许的品质。

众生平等，各安其命，本无分别，亦无功德。

懂得放下执著才会释然澄净。曾经历的、曾失去的，都已是拥有。

【欲念】

乔戈里峰，海拔8611米，是世界第二高峰，被称为登山死亡线——一旦超过海拔6500米，空气就稀薄到正常人无法生存的程度，若登山必须携带氧气，每前进一步都必须停下来喘十几分钟。

可是蒙克夫基德，一个美籍印度人，在不带氧气瓶的情况下，多次登上了乔戈里峰的峰顶。

1993年，在吉尼斯向他颁发世界纪录证书的记者会上，他说："我认为无氧登山运动的最大障碍是欲念。因为在山顶上，任何一个小小的杂念都会使你感觉到需要更多的氧。作为无氧登山运动员，要想登上峰顶，就必须学会清除杂念，脑子里杂念愈少，你的需氧量就愈少，欲望愈多，你的需氧量就愈多。在空气极度稀薄的情况下，为了使四肢获得更多的氧，以便最后登上巅峰，必须学会排除一切欲念。"

其实人生又何尝不像是登山。在登山中，对氧气执念，在人生中，对所拥有与未拥有的事物执念。爱、恨、钱、权，我们忍不住贪恋，想要多些、再多些。或许因为我们害怕失去，所以格外想要紧紧抓住些什么。可是想要更多的氧气会令我们无法登上峰顶，想要握紧手中的沙，只会加速沙的流逝。

《金刚经》中说："应无所住，而生其心。"无所住，即是要人不必执著，要坦然，缘来则应，去而不留，要超脱；生其心，便是要生清净心，达到心无杂念、纤尘不染的境地。有些东西，其实并不像我们以为的那样必不可少吧。或许有时候，人之所以感到痛苦，并不是因为拥有的太少，而是在于想得到的太多。

既然"山河大地已属微尘，而况尘中之尘；血肉之躯且归泡影，而况影外之影"，何不像蒙克夫基德一样，放下心中的欲念，让自己走得更远，也更自在。

【执著】

坛城沙画，又被称为"彩粉之曼陀罗"，是藏传佛教中一门独特而震撼的仪式，传统上只在灌顶过程中开放给受法弟子看。坛城沙画选用特殊细沙砌成，以手工磨制特殊石头制成白沙，再经染色，方才成为沙坛城的基本素材。坛城沙画难建而易毁，美丽而脆弱，仿如世界的空性本质。

每逢大型法事，寺院中训练有素的数位乃至数十位喇嘛便用数百万计的五彩细沙，以手握锥形容器撒漏，描绘出奇异的佛国世界。过程有严格的规定和细节要求，结构、位置、长度、名字等关键的地方绝不能错。这需全神贯注、一气呵成，就像僧侣们将自己脑中的烂熟的世界观默写出来一样，可能持续数日乃至数月。当坛城完成后，华美立体，像一幅平铺的挂毯，又似精美的建筑模型。然而坛城并不会被保存下来向人展示，而是被喇嘛毫不犹豫地扫掉，用沙子描绘的世界顷刻间化为乌有。而那些细沙则被装入瓶中，倒入附近的河流中。

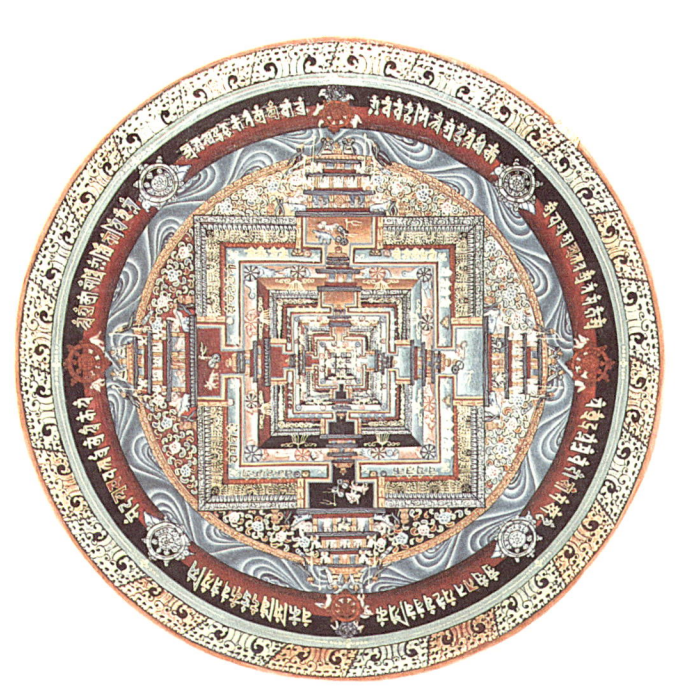

坛城，又称为曼陀罗，以立体或平面的几何形塑绘神像法器，表现诸神的坛场和宫殿，比喻佛教世界的结构。

美国一家博物馆曾请到两位喇嘛在馆内空间制作沙画。当精美的坛城最终完成，旁观者沉浸在赞叹中时，两位喇嘛却以手将沙画拂去，绚烂坛城复归于万众沙粒。旁观者无比震惊而惋惜，而喇嘛却如什么都没发生一般神色平静。

是啊，繁华世界，不过一捧细沙，在过程中禅意已然昭显，又何必一定执著保存拥有。或许，那些想要牢牢抓在手中的欲望以及渴求永远的执著，只是我们心中虚妄的贪念，像是一场自我欺骗，逃避于真正的自我。而坛城沙画告诉我们，禅存在于当下一刻的体悟，而不是永世或拥有。万物本是各有轨迹，流动不息，一切本无常，都在不断地改变，对于自己的欲望，又为什么要苦苦地追寻渴望紧握在手中。不必恐惧失去，也不必害怕改变，重要的是，认认真真地去做该做的事，用心感受每个当下。

本来无一物，何处染尘埃，懂得破除心中的执念，才会感受到澄明的自由。

【放下】

有一位名叫黑指的婆罗门来到佛前，两手各拿一个花瓶，前来献佛。

佛陀对黑指婆罗门说："放下！"

黑指把他左手拿的那个花瓶放下。

佛陀又说："放下！"

黑指又把他右手拿的那瓶花放下。

然而，佛陀还是对他说："放下！"

这时黑指婆罗门说："我已经两手空空，没有什么可以再放下了，您还要我放下什么？"

佛陀说："我并没有叫你放下花瓶，我要你放下的是你的六根、六尘和六识。当你把这些统统放下，便再没有什么可以缚住你，你将从生死桎梏中解脱出来。"

懂得放下，是一种大智慧。如果能放下这些执著，那么烦恼、妄想也便消散。

有一次,一位叫严阳尊者的修行者问赵州和尚:我已断绝烦恼妄想,体会到了自己本来的佛性,得到了无一物的禅悟。今后,我该怎样修行才好呢?

赵州和尚答道:放下执著。

严阳尊者说:已经两手空空,还要我放下什么?

赵州和尚答道:放不下,就把它挑起来吧。

放下过去,意味着不去想工作、家庭、承诺、责任,以及童年的快乐和悲伤等等,完全对过去的所有经历无所牵挂,对它们的回忆完全不感兴趣。切断自己老是回溯过往的习惯,停止去想自己生于何处、住于何处,或是接受了何种教育。假若能抛开过去的一切,抛开使内心不安的顾忌、观念和想法,我们就可能是平等与自由的。

有时我们会以为,自己可以多少通过回忆往事来学到一些东西,并可以此解决眼前的问题。但实际上,当我们凝望过去时,总会附带先入为主的思考方式,因此我们所看见的事实真相,其实已经不是真相了。

至于未来的事情,包括忧虑、恐惧、期待,不妨也放下。佛陀曾说,不论我们以为它将如何,它总会变成另外的模样。而了悟智慧的人们知道未来并不确定、不可知并不可预测,所以没有必要去思考未来。对于禅修者而言,这样做便是在浪费人生。

懂得放下,才会体会到"夏夜纳凉人,无物两袖轻"的清凉自在。

内蒙古莫尔道嘎风光

【专注】

一位弟子问慧海禅师："什么是修行？"

慧海答："饥来吃饭，困来即眠。"

弟子困惑，又问："天下的人们都是饿了便吃饭，困了便睡觉，他们与您一样都在修行吗？"

慧海答："不同。"

弟子继续问："有什么不同？"

慧海答："世上的人们，吃饭的时候并没有好好吃饭，总想着这个那个，千般计较。睡觉的时候也没有好好睡觉，东想西想，百般思索。这样怎能算是修行呢？"

吃饭睡觉，看起来是一件非常简单的事情，而有的人可以从中获得禅悟，有的人却始终焦灼，其中的差别便是有没有专注于当下吧。

专注于当下，专注于当下自己做的事，便不会再想到去和别人比较，也不会去感怀过去、忧虑明天。当专注于内心世界时，会发现心很奇妙，会带给我们许多美好的感受。

我们有时会带着内心固有的认知看待这个世界。事实上，内心的认知无助于我们认识世界，内心只会编织造成痛苦的妄想，使我们怨恨敌人或疯狂地依恋所爱的人，由此产生人生中的诸般困惑。内心会制造种种假象，如同技巧娴熟的演员自如操纵观众的情绪一样，让人感到恐惧与罪恶、焦虑与沮丧。因此若想追求当下实相，应珍视静默地体会当下，在禅修时将它们看得比任何想法都重要。

专注于当下，有着点石成金的神奇，会不知不觉中抹去心中的焦灼与不安，庄重安静地面对自己的生活。

○ 有情众生

愿我来世得菩提时，身如琉璃，内外明彻，净无瑕秽；光明广大，功德巍巍，身善安住，焰网庄严，过于日月；幽冥众生，悉蒙开晓，随意所趣，作诸事业。

——《药师琉璃光如来本愿功德经》

或许每个人，都曾为与他人的关系而感到苦恼。

我们爱，我们恨，我们恭谨，我们不屑。我们为了别人的小小举动而无法平静。

可是人世没有永恒，万物皆为过客，何不在有限的生命中，放下我们固执的分别心，珍惜每一个相遇的人。我们应看到每一个个体身后的漫长时光，懂得每一个个体的渺小与光芒，真挚诚恳地接受彼此的存在，分享一期一会的温暖。

或许有一天真的可以体会到：众生平等，荣枯相生，岁月静好。

【分别心】

中国古代的文人士大夫格外推崇兰花、梅花，将它们比做冰清玉洁、宁为玉碎不为瓦全的理想人格，仿佛养一株兰花便可映衬出自己的清雅。可是兰花、梅花真的与牡丹、昙花、牵牛花、狗尾巴花很不同吗？它们虽各有各的形态，却一样绽放、结子、凋零，都有着天然的神性，为什么一定要分出高下呢？

所谓的高下之别，怕是因为旁观人自作多情自找苦恼的分别心吧。

"春色无高下，花枝自短长。"宋代圆悟克勤禅师曾作过这样一首诗偈，将人的分别心形容得十分生动。春天的景致本来没有什么高下的不同，但在人的眼里，却有了区分。长也好，短也好，都是大自然之美的显现，用不着人们去较长论短。由于有了分别心，就会人为地生起了好恶的念头，减弱了智慧，看不清自

春色无高下，花枝自短长。

然宇宙、社会人生的真面目，在对美丑、好恶的分别中迷失了自己。

就如花朵一样，每个人都是平等的，不管是有钱人、没钱人、好看的人、不好看的人、有地位的人、没地位的人，也不管是朋友、敌人还是陌生人，每个人都有着心灵的缺口与希冀，做过错事又渴望救赎，并不完美但隐藏着自然的神性。

可是我们常常会为世上的人们划等级、排座位、分敌我，以致有时谦卑有时谄媚有时愤怒。为什么要怀着这样郁郁不平之气来度过人生呢？

人被无明、迷妄所蒙蔽双眼，从而有了分别心。分别心带给了我们不断的烦恼，如果不能挣脱这种无形的枷锁，就很难获得清朗的快乐。

不如试着去消除自己的分别心，以平等的目光看待世间万物，看到每一个有情众生身后的漫长时光，看到他之所以成长为现在样子的原因。懂得了每一个卑微个体的生命价值，也便懂得了万物平等、自然生灭，并无差异。

【同感】

曾有过这样一桩禅宗公案：

寒山和尚问拾得和尚："世间有人谤我、欺我、辱我、笑我、轻我、贱我、骗我，如何处置乎？"拾得曰："忍他、让他、避他、由他、耐他、敬他、不要理他，再过几年你且看他。"

听起来似乎很是洒脱痛快，但却不免令人怀疑这则禅宗公案的真实性。若是真实的，便令人怀疑拾得禅师的修行浅浅了。

因为在拾得和尚的回答中，仍有着对对方的不谅解与报复之心。而只有对他人有着同感之心的人，才会得到心灵真正的平静。同感，并不意味着怜悯，而是能够体会对方的任何情感——欢乐、焦急、幸福、痛楚。

我们的心，并非各自独立地存在，而是同一颗心，犹如同根生的枝条，若有一方遭逢痛苦，另一方也便会感同身受。

忙、茫、盲

有时我们会将自己束缚在自身的苦恼中，好像自己是世上唯一有此问题的人，或者世上除了自己的问题之外，再也没有其他事情值得关心。其实，他人也会碰到与我们一样的问题，甚至比我们现在碰到的问题还要严重。每个人都想要快乐而不想遭受痛苦，他们和我们一样，都试图从生命中得到最好的结果，即使是那些所谓狂暴或卑微之人。想到这些，我们自己的问题便会显得不那么严重了。

人世没有永恒，万物都是过客，活着的时候，何不及时与他人分享内心的温暖。让内心增长出爱的力量，凭借这力量，生命与幸福的种子才会勃然萌发。

【慈悲】

一休禅师是日本著名的禅宗大师。

一天，一位武士手里握着一条鱼来到了一休禅师的房间。

武士问道："打个赌，禅师说我手中的这条鱼是活的还是死的？"

一休平静地说："死的。"

武士哈哈大笑，把手松开，说："禅师你输了，这条鱼是活的。"

一休淡淡笑着说："是的，我输了。"

你倾听过我
我也倾听过你
你伤害过我
我也伤害过你
你并不完美
我也从未完美
那么请让我抱抱你
就像拥抱我自己

一休输了，因为他知道如果他打赌那条鱼是死的，武士便会松开手，而若他说那条鱼是活的，武士便会暗暗把鱼捏死。

怀着这样一份慈悲心，输赢变得根本不再重要。

佛禅中讲，"与乐曰慈，拔苦曰悲"。慈心是指对众生抱有爱意，并愿他们获得快乐，古称为慈；悲，则是指同感众生之苦，怜悯众生，并愿众生拔除其苦，二者合一便是慈悲。唯有对一切众生心怀感恩，慈心才能普及。若能对一切众生生出爱意，那么不论于己于人，都会是一件美好的事。

但是慈悲并非出自勉强，它不存在于堂皇的宗教教义中，也不存在于提倡行善积德的伦理说教里，慈悲之心发自天然的真挚纯良，像河流一样生机勃勃、生生不息。因为懂得自己与世界都并不圆满，明了在妒忌、贪婪、野心、权利这种种欲望中辗转的世人的焦灼痛苦，心便会变得柔和而善意。

不妨试着将心中正面而温暖的情感散发出去，在心中生出强烈的祈求，使心敞开，愿众生不再受苦，所有孤独、病痛、饥饿、困惑、受迫、失意、恐惧渐渐散去，纯粹而广博的爱心得以滋长，如海洋般宽广浩瀚，自己和他人都可以因此平安清明，充满纯然的快乐。

慈悲并不期待别人的感激与回报，甚至不需关注，它只是一种自然的本心，懂得世间的苦与乐，珍重自己，也珍重他人，对万物热爱、诚实、谦逊、坦然。

廓而忘言
——自己与生活的关系

城市里的禅心

○ 蚌病生珠

艾瓦说:"那又如何,又有哪一个人生不是带着泪水的?"
——《达摩流浪者》

尽管我们希望快乐平静,但痛苦其实是不能完全避免的。

张爱玲说,生活并承受着。在我们承受着生活的痛苦时,生活也给予了我们一切美好的东西。这就如同蚌的身体内嵌入石子,却因此磨砺孕育出珍珠。

人生无常,我们需要放下,也需要担起。然后我们会发现,一切苦难的经历都会变成珍贵的礼物。

感谢所有的伤口与泪水,然后光明地活下去。

【无常】

《金刚经》中说:"一切有为法,如梦幻泡影。如露亦如电,应作如是观。"

当华美的叶片落尽，生命的脉络才历历可见。
——聂鲁达

摄影师：Rick Zhuang

这首偈语，被称为"六如偈"。

当初佛陀因为感悟人生无常，于是舍弃荣华，出家修道；成道之后，也以苦、空、无常的人生真相来开示众生。禅宗认为，任何现象与事物一方面只能存在于极短的刹那间中，此称刹那无常。人有生老病死，物有生住异灭，世界有成住坏空，世间万物，不断变化，无常是世间实相。

春夏秋冬四时轮转，月圆月缺物转星移，聚散穷通悲欢离合，世界因无常而生机勃勃、生生不息。而我们又何必强求永恒，不如顺其自然地去生活，不刻板、不慌乱、不怨愤、不过度，风过便欣赏水面微澜，雨停就感受柳绿花红，雪霁便欢喜天地素裹。

曾有一家禅院，三伏天，草枯黄一片，小和尚看不过去，要师傅快撒些草籽。师傅挥挥手说："等天凉了，随时。"中秋，师父买了一大包草籽，叫弟子去播种。一阵风起，草籽飘舞。小和尚很着急，师傅说："没关系，吹去者多半中空，散下来也不会发芽。"撒完草籽，小鸟来啄食，小和尚又急，师傅说："急什么呢，草籽多着呢，吃不完，随遇。"半夜，狂风骤雨，小和尚冲到禅房哭着担心草籽被冲走，师傅淡淡地说："冲就冲吧，冲到哪里都是发芽，随缘。"一个月过去了，昔日光秃秃的地上长出了青苗，连一些没有播种到的地方也泛出了绿意。小和尚高兴极了，师傅站在禅房前，点点头："应该是这样吧，随喜。"

若有这样一颗清和自然、随缘而喜的禅心，不强求、不紧迫，便不会再在意那些所生疏或不得的事物，而一路上，云淡风轻，风景都看过，细水亦长流。

从懂得无常之中生出一颗随喜的心，随和安宁地活着，或许便是无常所赐予我们的生命大礼。

【舍得】

唐代柳宗元曾讲过一个故事,说有一种叫做蝜蝂的小虫子,很喜爱背东西,爬行时遇到东西,总是抓取过来,抬起头背着这些东西。渐渐地东西越背越重,但它即使非常劳累也不停止。它的背很不光滑,因而东西堆上去不会散落,终于被压倒爬不起来。有的人可怜它,替它去掉背上的东西。可是蝜蝂如果能爬行,又把东西像原先一样抓取过来背上。这种小虫又喜欢往高处爬,用尽了它的力气也不肯停下来,以致跌倒摔死在地上。

听起来这个小虫子可怜又可笑。因为不舍身上的东西,最终失去了自由与生命。可是很多时候我们又何尝不是如此呢?

少则得,多则惑。

芸芸众生，从无限长远的时间以来，迷失了本心本性，被外在的事物牵着走，不能停止地追求着钱财、地位、声名、感情，在滚滚红尘中，渐渐迷失了自己。我们背负着越来越多的东西，汲汲于获取，却不懂得舍弃，直到令自己不堪重负，痛苦而茫然。

不懂得"舍"，又怎能真正的"得"呢？"舍得"二字，实在是有着简单又深远的禅意。佛禅中，如同色即是空、空即是色一样，舍就是得，得就是舍，万事万物皆在"舍得"之中成就自身。

就好像芭蕾舞蹈演员曼妙高贵的身姿下，有一双伤痕累累的脚，《小王子》里的小狐狸失去了小王子，却拥有了麦田金黄的颜色，这些生长的代价，是失去还是得到呢？

聂鲁达说，当华美的叶片落尽，生命的脉络才历历可见。这样静美坦荡的人生，仿佛是"舍得"最好的注解。

【感激】

懂得感激，是人生的大智慧。无论自己有着怎样特别的生活经历，若胸中常常怀着一颗感恩的心，随之而来的，便是温暖、自信、坚定、善良等等这些美好的处世品格。

对生活时时怀有一份感恩的心情，在快乐时与人分享，在不幸时获得成长，像是歌唱一般，永存对生活的热爱与希望。

人活在世上，所得并不是理所当然的，应懂得感激。感谢种种因缘巧合赐予自己的一切。当我们获得爱与礼物时，感激似乎是很正常的，但其实那些我们曾承受的伤害，或许更应当被感谢。

像树一样
有四季,有枯荣
扎根在土壤,舒展在天空
在受伤的地方增出疤来,
却变得更结实
坦荡自然地,
去生、去老、去死

泰戈尔说:"我已经学会在花与阳光里微语的意义。——再教我明白你在苦与死中所说的话吧。"

感谢病痛,让我们懂得珍惜自己的身体,更懂得健康的可贵。感谢伤害,让我们明了自己柔和坚韧的恢复力量。感谢嫉妒,让我们开始面对自己内心的不完美。感谢恐惧,让我们有了修行内心的机会。

最好的东西不是独来的，它伴了所有的东西同来。卡夫卡说："我带着一个美丽的伤口来到世界上，这就是我全部的陪嫁。"也许冥冥之中，那些欺骗、失去、伤害、痛苦，所有的这些，都为了让我们明白那些必须明白的事。

爱是暖的，也是疼的，泪水是亮的，也是咸的。感激我们所遇到的一切，所有的它们，使得我们成为我们。

○ 各安其所

生活就是
在春天拾得秋天的橡子，
在紫阳花下纳凉，
在时光的浅坡上回头张望。

——龙竞《日安，四季》

活着的意义是什么呢？每个人都一定曾这样追问过。

是钱、权、佳偶，或是自我的实现？

或许都是，又都不是。

生活充满未知，今天所有的，也许明天就会失去。今天所在乎的，明天便会丢弃。我们所知的只有当下。

若有一颗知足的清明心，便会懂得慢下奔忙的脚步，安心欣赏每一个当下的风景。

就这样，且行且珍惜。世间万物，各得其位，各安其所。

宠辱不惊,看庭前花开花落;
去留无意,望天空云卷云舒。

【意义】

唐代时，有一个僧人不远千里，前往河北赵州观音院（今柏林寺）参学禅法。

早饭后，他来到赵州禅师身前，请教："禅师，请您指导我何为禅？"

赵州禅师问："你吃粥了吗？"

僧人答："吃粥了。"

赵州禅师说："那就洗钵去吧。"

日常的喝茶吃饭洗钵睡眠，就是禅，就是生命的意义。

高山无言，它只是存在而已，并不追问自己存在的意义。大海无言，它亦只是存在而已，从不追问自己存在的意义。或许人也并不需要非要为生活找到一个宏大的意义，并不是只有具有所谓宏大意义的人生才值得活，每一个平凡的时刻有着独特的滋味，而用心体味这种种滋味，就是活着的意义。

经书上讲，"芥子纳须弥"，比喻小小的种子可以装下巨大的神山。那么我们每一段个体平凡的人生，如若用心过，也便可以时时映照出禅性的光明自在。经过此生看风景，体验万般的幸福与苦难，不抱怨、不伪装，没有亲历过的道路，无论坎坷还是畅顺，都带着一份好奇心走下去。

与其执著追问人生的意义，倒不如认真倾听自己的心，认真想一想生活究竟要教给我们什么，认真地跟从自己的心去生活。

弘一法师在圆寂前，写下"悲欣交集"四个字。人生就是这样不可言说、苦乐参半吧。可是在一段段旅程中，我们体验到了别人无法替代感受的喜怒哀乐，我们从单纯的婴童变得复杂，又经由个人的修行重新变得简单。看许多风景，爱自己，也爱众生，享受该享受的，承担该承担的，人生的意义其实很简单。

【知足】

"长亭外,古道边",耳熟能详的《送别歌》出自李叔同之手,他是才华横溢的文学艺术教育家,又于盛年皈依佛门,成一代高僧,法号弘一法师。

1925年的初秋,弘一法师因战事而滞留宁波七塔寺。

一天,老友夏丏尊前去拜访,看到弘一法师吃饭时,只有一碟咸菜。

夏丏尊心中不忍,问:"难道这咸菜不会太咸吗?"

弘一法师淡淡笑答:"咸有咸的味道。"

吃完饭,弘一法师倒了一杯白开水喝。

夏丏尊又问:"没有茶叶吗?就这样喝这没滋味的开水?"

弘一法师依旧淡淡微笑着说:"开水虽淡,淡也有淡的味道。"

咸有咸的味道,淡有淡的味道,弘一法师绚烂之极而归平淡,少欲而知足,令人深深感动。幸福并非源于大与多,而在小与少之中。日渐膨胀的欲望永无止境,而稀少与微小的事物中,常流溢着充满感激的生命芬芳。选择以"拥有"或"存在"为指向的生命,都能各得其乐,但在遭遇逆境时,哪一种人生更值得我们信赖,或更有价值,其中差异便会清楚呈现。

如果说,生活的意义就是没有意义,我们是不是就会懂得随遇而安,懂得把握每一个转瞬即逝的当下,好好生活?

我们常常想去占有什么东西,却很少想过清空。我们执著于拥有,却忘记了只有清空,才能填入新的东西。如果不知足,内心常犹豫不安,无法融入世界。如果懂得了放弃,便能听到灵魂的回音。而单纯与简朴的世界,是沉默而空灵的境界,在这单纯简朴中,有留白之美。

当明白了一无所有的真正意义,生活便会变得轻松自在。俗语说,知足常乐,其实快乐真的很简单,看淡尘世的物欲、烦恼,不慕名利,坦然生活,绿水青山,云蒸霞蔚,就是欢喜平安境地。

【当下】

曾有修禅者,去问崇慧禅师:"达摩未到中国之前,中国有没有佛法?"

崇慧禅师说:"没来之前的事暂且搁着,你自己的事怎么样了?"

修禅者心中困惑,说:"我不懂得这是什么意思,请您点化。"

崇慧禅师又说:"万古长空,一朝风月。"

佛法自在,同于天地,存于此时,与达摩来与未来并无关系。修禅者应起于当下,行于自身,于长空中明心,在风月处见性,这样便可知长空风月俱得禅机。

原来，所谓的禅修，便是要我们专注地活在当下，不再心猿意马地东张西望。过去不需要去挂碍，未来亦不必去妄想，享受眼前这一刹那就好。万古以来广阔的天空恒远存在，而每个一朝风月都是万古长空。

且在属于自己的生命之路上，饥来吃饭困来即眠，珍重静好地对待每一个当下，且行且珍惜。这样，每一天便都成为生命的禅修，世间万物各得其所，我们安然前行。

幸福是什么？
是慢下匆忙奔波的脚步，
静静体会当下的生活。
是明白自己，接受自己，
相信自己，去成长。
是破除我执，不怕失去，
专注，随喜，慈悲，爱众生。
是懂得无常，懂得放下，
心怀感激，知足而谦和。
是尊重自己，也尊重世间万物，
与世界和谐共生。
是勤劳的耕作，健康的享乐，
去爱与舞蹈，天然而快乐。
是有一颗微笑自足的心。

第四章 一呼一吸莲花生

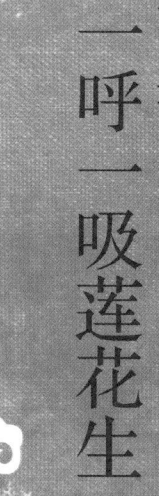

禅,听来似乎空灵玄妙,却可以具体到身体发肤。

在一呼一吸的吐纳中,在一招一式的舒展间,

身心合一,万物重生。

喧嚣尘世,总要有一片属于自己的静默天地,

一念心清净,莲花处处开。

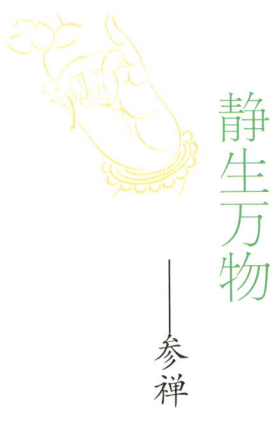

静生万物
——参禅

○ 禅修与呼吸

【禅修是什么】

禅修即是修心,是一个渐次递进的过程,在这个缓慢的过程中,我们的心会慢慢放下执著,变得开阔而清明。

禅修有不同的方式,但有一个共同的原则,就是让心熟悉正面的能量。

禅修可以进行于一切时间与环境中,而不仅仅是在打坐之时。禅修并不是虚幻地逃避,而是要我们完全诚实地面对自己,认清内心,找到更适合我们的方向,正面地对待生活。如果一个人真正理解了生活,就始终会有禅修的过程。

禅修是自知的开始,会产生自然而清静的状态,在其中,我们会重新获得心灵的自由。禅修促进我们对事物本性以及自心的了知,让我们走出痛苦压抑的泥潭,放下沉重的精神包袱,在生命的旅程中轻装前行。

【呼吸是什么】

呼吸对于每个人来说都是最普通的动作，似乎平凡无奇，但对于禅修者来说，在呼气与吸气间充满了微妙细致的变化，长息与短息，深呼吸与浅呼吸，平顺的呼吸与不顺畅的呼吸，彼此交错，复杂而迷人。

鼻中气体出入名为呼吸，一呼一吸完成名为调息。

呼吸有四种状态，风、喘、气、息。前三种都是呼吸不调和的状态，只有息的状态才是呼吸调和的状态。因此，也可以说，这四种状态是调整呼吸的四个阶段。

观呼吸，能够安抚心神，并培养我们对于自身的觉醒洞察力。专注于呼吸，使我们可以非常仔细地觉知当下的每个时刻。当心转而专注于呼吸过程的核心——极度的安定、自由和禅悦时，呼吸本身似乎渐渐消失了，我们在一个个相续的刹那中，只觉内心静默、安定而清明。

○ 禅修前的准备

【选择地点】

刚开始尝试禅修时，尽量选择安静、隐蔽、可以独处的地方，避免因周围的人或事影响专注力，这样心比较容易保持清净。如果能够每次在同一个地方进行禅修，可以有助于更快地进入到禅修状态。

当我们能够面对任何情境，并把它转化为正面力量的源泉的时候，不管我们身处何地，都可以变成觉悟和清净的地方。这时地点的选择就不重要了。

【选择时间】

清晨和晚上睡觉前是禅修的好时候。禅修的时间长短可以不用太在意，但对于初试者来说，禅修时间不宜过长，20分钟到半小时为宜。

禅修并非是一种苦行，而应是耐心温和的努力，能够使练习者心中获得满足与平静。不必太在意时间长短，勉强进行的长时间打坐往往徒劳无益，有时这样会失去专注力使自己陷入不安，背离了禅修的初衷，最好在身心尚感清新舒服时候便结束。

【调饮食】

身体与饮食有着十分重要的联系，饮食的调整可以影响身心的状态。饮食需适度，不要吃得过饱，饱食令胃肠不易消化，增加了肠胃功能的机能疲劳；也不要过少，否则营养不够，会造成体弱力衰，静坐难以有收效。

花草茶益健康

【调睡眠】

睡眠是为了恢复人的体力与精神,当我们神志清明,精神气爽时,安身静坐,效果丰厚。睡眠要保持节制有度,以八小时为宜,"久卧伤神,少卧神伤",睡得过多精神困昧,不利于静坐;睡得过少则体力不能恢复,精神恍惚,也不宜静坐。

【调心】

禅修时,需要心静而自然。静坐时,可能出现散乱不定或昏昧瞌睡两种心象。这时要把心提起,注意鼻端,使精神振作;或者起而径行再坐;或者修数息观,从一到十,数到不乱,绵绵密密,昏散两除。保持平静的心,不怀期待,停止控制的欲望,自然地呼吸,会渐渐体会到平静而愉悦的能量。

○ 体验坐禅

禅修的姿势在于放松肌肉，打开身上的脉络，让心平静安和。

身体的放松可以提供宁静的气氛。选择姿势的主要标准不在于旁人的评价，而是用心体会它是否适合自己。选择一个自己感到最恰当自然的姿势，才会真正有助于禅修的进行。

可以从坐禅开始，体验禅修的力量。坐禅时，应抛开各种压力，尽量放松肌肉。这样，便不会因肌肉紧张或疲劳而转移注意力，可以更加专注于禅修。

选择好时间、地点、方法，并调整好心态与身姿，便可以开始坐禅。

将注意力放在禅修的对象上，从开始到结束都坚定地放在心里。如果是止禅，如观呼吸禅修法，就把心放在呼吸上；如果是观禅，就用全部注意力来探究该主题，直到出现直觉为止，待到直觉或专注开始退去，再回到观的禅修上。

坐禅结束后，心中真诚地祈愿，愿将禅修所得到的一切美好体会及觉知完全回向给一切有情众生，祈愿他们未来都能够开悟解脱。也将祈愿回向给我们的怨敌，愿他们亦能摆脱心中的困障，获得平安快乐。

每一次禅修，都会为我们带来正面的能量与洞察力。请将禅修上的美好体验带回到日常行事上，渐渐地，就会发现，禅修不再局限于打坐之时，而是浸润于生活的每个当下，岁月静好。

【双腿】

坐姿是最好的禅修姿势，而坐姿中，全莲座又是最合适的。

全莲座，是将脚掌朝上，两个膝盖都触及地面，左脚放在右大腿上，右脚放在左大腿上。采用全莲坐的姿势，一旦定在这个姿势，能让身体得到最佳的支撑，可以维持在很长一段时间内完全不动。但对很多人来说,全莲坐的姿势做起来有些困难,也并不必强求。

还有一种禅修姿势为半莲坐,即两个膝盖都触及地面,其中一只脚压在另一条腿的小腿下面。

如果这两种姿势都不方便做的话,还可以选择其他的姿势,如将双脚交叉,或两腿平放于地板上,也可以坐在椅子上。坐在椅子上的时候,尽量不要靠在椅背上,大腿不要压着椅面,尽量保持悬空。

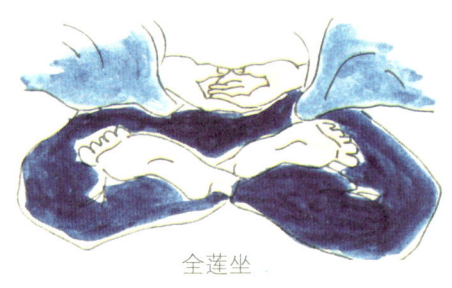

全莲坐

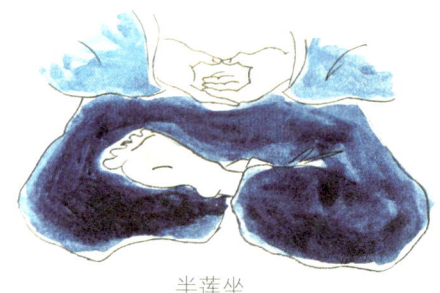

半莲坐

半莲坐

无论如何,请记得,禅修姿势的最高原则,是要让自己坐得舒适自在。

【后背】

后背的姿势非常重要，须得端正并放松，稍为挺直。保持脊柱的挺直，被认为是觉醒的姿势，能带来心灵的敏感觉知。

刚开始做的时候可能会觉得困难，不过会逐渐感到自然，也会发觉其中的益处。这样的姿势有助于能量的流动，禅修的时间也会因此而渐渐延长。

【头部】

颈部稍微前倾，以使视线自然向下，落在前方的地面。头部若抬得过高，可能会有心神恍惚不安的问题。放得过低，则可能会导致心神沉重或昏昏欲睡。通常初习禅修的人会觉得闭上眼睛比较容易专心，但让双眼微张，透点光进来，视线朝下是最好的姿势。因为双眼紧闭可能造成懒散、昏睡或出现梦境般的影像，这些都会妨碍禅修的进行。

下巴应放松，牙关稍开。嘴部也应放松，但双唇微合。舌尖应触及上牙龈后的腭部，这样可以减少唾液分泌，并减少吞咽的动作，增强专心的程度。

【双手】

放松肩膀和双臂，双臂不紧贴身体，留有一点空间以利空气循环，这样可以避免在禅修时候进入昏睡状态。

双手手掌交叠，置于肚脐下方5厘米的地方，右手叠于左手上，手心向上，手指并排平行。两手稍曲，拇指指尖相抵，形成一个三角形。右手五指表佛界五大，左手五指表众生界五大，两手相叠表生佛不二之义。两拇指（空指）头相拄，表空大与空大融通无碍。以其相寂静不动，故称之为法界定印。

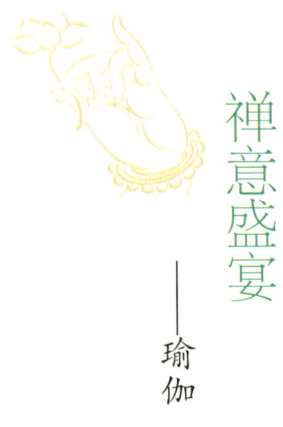

禅意盛宴
——瑜伽

〇 瑜伽的意义

瑜伽源于印度，Yoga 一词即从印度梵语而来，含有"一致"、"结合"或"和谐"之意。作为一种古老的修身修心艺术，瑜伽有着强大的生命力，帮助练习者渐渐达到身体与心灵的融和，随心所欲不逾矩。

练习瑜伽，须集中意识，使身体在某种姿势下静止维持一段时间。意念的沉淀、呼吸的吐纳以及肢体的舒展，瑜伽动作能使身体趋于平衡，进而达到身心的统一。现代社会快节奏的生活工作压力和环境污染等，很容易导致人体失去内在的平衡。而瑜伽的修炼会使练习者不知不觉中放下焦灼、压力，进入一种平静而有能量的情绪中，最终得以在一种自在的状态中达到与自然的高度和谐。

或许，瑜伽就是生活，生活便是瑜伽，都在修炼我们如何更自在优美地生存于这个世界上。

○ 练习前的准备

在练习瑜伽前,需要有所准备:

【时间】

在瑜伽修行者看来,清晨4点至6点是练习瑜伽的最佳时刻。此时周围万籁俱寂,大气纯净。但一般来说,人们都是利用早晨、中午、黄昏或睡前来练习瑜伽。

【地点】

尽可能找一个安静、清洁、温度适宜的地方,有足够的让身体伸展的空间。房间内空气清新、流通。最好摆上绿色植物或鲜花,也可播放轻柔的音乐来帮助松弛神经。

【衣着】

穿着宽松柔软的衣服,以棉麻等天然面料质地者为佳,不穿紧身束型衣。脱掉鞋袜,夏天赤足最好,冬季可穿软底布鞋。除去首饰、手表、眼镜、腰带等。

【道具】

可在地上铺上瑜伽垫或地毯,还可以使用瑜伽球、瑜伽绳等道具帮助自己进行循序渐进的练习,更准确体会每一个姿势传达给身体的感觉。不要在过硬的地板或太软的床上进行练习,注意不要让脚下打滑。

【沐浴】

在练习瑜伽之前1小时左右洗个冷水澡，能让练习达到更好的效果。沐浴后20分钟内不宜练习瑜伽，因为沐浴后血液循环加快，筋肉变软，如果马上练习瑜伽，易使身体受伤，还可能导致血压升高，加重心脏负担。

【饮食】

饭后3小时之内不宜练习瑜伽。可以在练习前1小时左右，进食少量的流质食物。瑜伽练习结束1小时后进食最好。进食要适可而止，最好吃一些天然的食品，避免食用油腻、辛辣或导致胃酸过多的食品。练习瑜伽后，饭量减少，排气、排便增加属于正常现象。

【热身】

在做瑜伽前做一些热身动作，以避免运动损伤。

○ 瑜伽树式

瑜伽有很多姿势体位，其中，山立式、拜日式、双腿背部伸展式、树式、三角式和顶峰式可以算作瑜伽的基本姿势。它们看似简单，但如果认真去做，会发现很难做到完美。在练习时需量力而行，不要急进，瑜伽最重要的并不是姿态的达成与美观，而是在练习的过程中对自己身体与内心的了解与接纳，使我们渐渐身心合一，充满洁净光明的能量。

这里以瑜伽树式姿势简作例式：

瑜伽树式是模仿树木的姿势，脚踏实地，落地生根，下肢稳定，上肢仿佛树枝一样伸展开去，安静生长。这样的姿势可以渐渐释放身体天然的平衡感觉，帮助脊柱保持正直、健康的状态。脊柱的健康直接影响到各个内脏的正常机能运转。

②吸气，以左脚站立，曲右腿，右手抓右脚踝，让右脚贴于左大腿内侧，右脚跟抵住左大腿内侧及腹股沟，脚趾向下。呼气，右膝向右舒展，与身体尽量在一平面，双手合十于胸前。

①站正，双脚并拢，两手放于体侧，调整呼吸。

③吸气，双臂缓缓向上伸直，放松肩部，挺直脊柱，收紧腹部，意守丹田穴（肚脐下5厘米的地方），目光平视前方一点，均匀自然地呼吸，停留30~60秒，吸气还原，呼气放松左脚。

④按同样的方法完成对侧练习。

替代做法：如果脚贴大腿内侧站不稳，可以将脚贴于另一侧腿的小腿内侧或膝部内侧。

松静自然
——太极

○ 何谓太极

"太极"一词，出自《周易·系辞》："易有太极，是生两仪。"太极是中国传统哲学思想的代表，是内在宇宙和外在宇宙的统一。

太极理论的核心是阴阳互变。太极图是对太极思想的形象化。以圆为本，黑为阴，白为阳，黑白环依，相抱不离。太极图阴中有阳，阳中有阴，至阳则转阴，至阴则转阳。世界阴阳交替，是万物生长的规律。阴阳相交滋生万物，万物皆有阴阳两重性。

从太极图中可以看到，阴阳缠绕在一起，你来我往，你下我上，相互激荡，推动气不断进行，使之时聚时散，阴阳的推行、气的往来造成了物种和人类的生死循环。

太极拳根源于太极，故得此名。太极拳将太极阴阳理论融入拳理。太极拳，其实是太极架、太极术、太极道的融合体。太极架，即拳架，是太极的形体动作；太极术，是内功心法；太极道，是道德修养。练习太极必须三者并行，如果只进行一方面的练习，都尚未得到太极的真谛。

要想练好太极拳，须得一天一天耐心修习。首先应练好桩功，如马步站桩、川字步桩和一字立体桩等。把这些基本功夫练到相当程度后，才能学习拳式。而一招一式的练习，非经数月不可，直至各招各式完全纯熟后，再合起来成为全套太极拳。

太极并没有速成的捷径，需要用心体会每一刻的身体变化，需要老老实实去练习每一步步法。从某一方面看，太极就是人生，在看似笨拙的用功中才能获得身心合一，世界圆融。

○ 太极之道

太极拳讲究内外兼修，儒雅大度，既强健体魄，又陶冶情操。只有身心合一，才会体会到太极的圆融境界。

与其他武术不同，太极拳并不追求以力相搏，而讲究四两拨千斤、后发制人。老子说"上善若水"，水清洁、流动、顺遂自然，而太极拳正如水一样，刚柔相济。

在身法上，它要求立身中正、不偏不倚；架势上，要求不丢不顶、不过不卯；步法上，要求有开有合，有虚有实；劲路上，讲究刚柔相济；速度上，讲究快慢相间。太极令人领悟到阴阳转换之理。

太极拳的研习者以腰部为身体的中心点，不但是左右，而且是上下，不但是内外，而且是前后，都是以此为准，仿佛一个球体的中心点。而且，在太极中，凡是向左的动作，必是先向右，所谓欲左先右；凡是向前的动作，总是欲前先后。

太极拳的动作都不会做老，不会出现直线和力用到头、腿伸到头的情况。因为太极本真状态就是如此，不粘不滞，动之始则阳生，静之始则柔生；动之极则阴生，静之极则刚生。一旦进入运动状态，就如同长江大河，汩汩滔滔，连绵不绝，同时，这个世界又是圆满、自在的。

在练拳或学拳时，想要知道所做的姿势是否正确，可以拿自己身体来试验。在做一姿势时，如感觉身体上部胸背等部都很舒适，而下身腿部特别吃力，这就说明姿势正确，反之如感觉上肢僵硬有力，胸、背部又有截气和郁闷不舒的现象，下肢腿部不觉吃力，并且有浮而不定等状态发生，这就是姿势不够正确的表现。这也就是衡量姿势是否正确的尺度。

另外，练习太极时，也需要注意以下方面：

1. 心静体松。排除心中的杂念，不受外界干扰；并在保持身体姿势正确的基础上，有意识地让全身关节、肌肉以及内脏等达到最大限度的放松状态。
2. 融活相连。动作衔接连贯圆融，前一动作的结束就是下一个动作的开始。
3. 呼吸自然。呼吸自然、匀细，徐徐吞吐。
4. 专注节制。选择一套拳法，专注地持续地练习，不贪多求快。

○ 太极云手步法

太极拳法流派众多，路数众多。

其中，"云手"是太极拳的"母式"，是太极拳中的典型动作之一，在太极拳各大流派中，均有以"云手"命名的动作，虽外形略有区别，但同样遵循太极拳的练习要领。可以说，云手的神意就是太极拳演练和实作的神意。

太极云手以手法命名，两手在腰脊转动的带动下，上下、左右回旋，如云气缭绕，故有此名。

云手与呼吸相结合，要求立身中正，虚灵顶劲，沉肩垂肘，以腰为轴，步随

太极云手步法

图片表演者：梁闻铭

身换，点起点落，虚实分明，圆活自然，上下协调，周身一家。

这里选用陈式太极拳简作例式。

陈氏太极拳创始人为清初陈王廷，是中国最古老的拳种，在其基础上形成了杨氏、吴氏、武氏和孙氏等流派的太极拳。

陈氏太极拳以松柔为本，刚柔并济，发力富有弹抖性，讲究缠丝力法，快慢相济，注重丹田内转和意气形的统一。

太极缠丝示意图

读图时代 优雅中国

江南衣裳
定价：26.00元

中式的优雅
定价：26.00元

爱上青花瓷
定价：26.00元

紫玉金砂
定价：26.00元

十二月花神
定价：26.00元

美人装扮
定价：26.00元

城市里的禅心
定价：26.00元

美人美茶
定价：26.00元

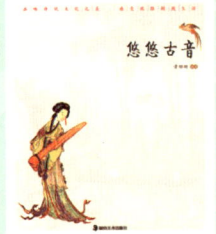
悠悠古音
定价：26.00元

邮购须知

一、邮局汇款

1. 收款人地址：湖南省长沙市东二环一段622号湖南美术出版社有限责任公司
2. 收款人姓名：邮购部
3. 邮　　编：410016
4. 请务必用正楷准确填写汇款人详细地址、姓名、邮编和联系电话，确保您能及时收到图书
5. 汇款人附言栏内请写明您所购图书的书名、定价、册数（如需发票请注明）

二、银行汇款

1. 开　户　行：工商银行长沙市韶山路支行
2. 账　　号：1901007009004670792
3. 开户名称：湖南美术出版社有限责任公司
4. 汇款后请您把汇款凭证复印件收件人名称、地址、邮编、订购图书的名称、联系电话一并传真至0731—84787037

三、其他

1. 特别注意：如需特快专递，每单加收特快专递费用20元
2. 如有垂询请致电：0731-84787604